As aventuras do grande Sidoine e do pequeno Médéric

Émile Zola

Tradução
Natália Florêncio

1ª impressão

As aventuras do grande Sidoine e do pequeno Médéric

Émile Zola

Tradução
Natália Florêncio

Capa
Frede Marés Tizzot

© Arte & Letra Editora

Z86a Zola, Émile
As aventuras do grande Sidoine e do pequeno Médéric / Émile Zola ;
tradução Natália Florêncio. – Curitiba : Arte & Letra, 2010.
208 p. ; 11,5 x 15 cm. – (Em conserva)

Embalado numa lata de 13,5 x 15,5 cm
ISBN: 978-85-60499-25-0

1.Literatura francesa. 2. Romance. I. Título. II. Florêncio, Natália.
III. Série.

CDU 821.133.1

*Todos os direitos reservados a Arte & Letra Editora. Proibida a re-
produção, no todo ou em partes, através de quaisquer meios.*

Arte & Letra Editora
Av. Sete de Setembro, 4214, sala 1201
Curitiba - Paraná - Brasil - CEP: 80250-210
www.arteeletra.com.br - tel: 41-3223-5302

Sumário

Os heróis 7

Eles colocam-se em campo 19

Primeiras impressões sobre as múmias 31

Os punhos de Sidoine 41

O discurso de Médéric 55

Médéric come amoras silvestres 75

Onde Sidoine torna-se um falastrão 97

A amável Primavera,
rainha do Reino dos Felizes 113

Onde Médéric vulgariza a geografia,
a astronomia, a história, a teologia,
a filosofia, as ciências exatas, as ciências naturais
e outras ciências menores 133

Os diversos encontros, surpreendentes e imprevistos,
que fizeram Sidoine e Médéric 157

Uma escola modelo 177

Moral 195

Os heróis

A cem passos de distância, o grande Sidoine parecia-se um pouco com um álamo, excetuando-se o fato de ele ser mais alto e seus contornos mais largos. A cinquenta, podia-se distinguir perfeitamente seus grandes e salientes olhos azuis, seu sorriso satisfeito e seus enormes punhos, que ele balançava de um jeito tímido e embaraçado. A vinte e cinco, declararíamos sem hesitação que se tratava de uma criança de coração, forte como um exército, mas burro como uma porta.

Já o pequeno Médéric, por outro lado, tinha, quanto à altura, muitas semelhanças com uma alface, quer dizer, um broto de alface. Porém, ao observarmos bem seus lábios finos e loquazes, sua fronte pura e altiva, ao vermos a graça de seus cumprimentos e o desembaraço de sua agilidade, atribuiríamos facilmente a ele mais espírito do que aos sábios miolos de quarenta grandes homens. Seus olhos redondos, semelhantes aos de um chapim, disparavam olhares penetrantes como gavinhas de aço, o que certamente faria com que fosse tomado por uma criança má, se não fosse pelos longos cílios louros que encobriam com doçura a malícia e a ousadia desses olhos. Ele tinha os cabelos cacheados e um sorriso sedutor, de modo que não se podia deixar de amá-lo.

Mesmo tendo grandes dificuldades em conversar livremente, o grande Sidoine e o pequeno Médéric não eram por isso menos amigos; eles eram os melhores amigos do mundo. Ambos tinham dezesseis anos, tendo nascido no mesmo minuto do mesmo dia e conhecendo-se desde sempre, pois suas mães, que eram vizinhas, adoravam niná-los juntos em um berço de vime, na época em que o grande Sidoine ainda se contentava com uma colcha de três pés de comprimento. Sem dúvida, é coisa rara que duas crianças, nutridas com um mesmo mingau, tenham crescido de forma tão diferente e singular. Esse fato muito inquietava os sábios da vizinhança, pois Médéric, contrariamente aos costumes usuais, tinha ainda minguado várias polegadas. As cinco ou seis doutas brochuras escritas sobre esse fenômeno por homens importantes provavam de resto que somente o bom Deus sabe o segredo dos crescimentos bizarros, como sabe também, aliás, o das Botas de sete léguas, o da Bela Adormecida e de outras mil e uma verdades, tão belas e simples, que necessitam de toda a pureza da infância para serem compreendidas.

Os mesmos sábios, que trabalhavam para desvendar o que seria aquela criatura, colocavam-se ainda uma outra importante questão. Como pode ser – perguntavam entre si, sem jamais conseguir responder – que essa grande besta do Sidoine ame com um amor tão terno esse pequeno travesso do Médéric? E como esse pequeno travesso encontra tanto afeto por essa grande besta? Questões obscuras, feitas para inquietar os espíritos questionadores: a fraternidade entre a erva e o carvalho.

Eu não me importaria muito com os sábios, se um deles – o menos acreditado na freguesia – não tivesse dito, certo dia, balançando a cabeça: "He, he! Meus caros, não veem do que se trata? Nada de mais simples. Foi feita uma troca entre os fedelhos. Quando eles estavam no berço, como possuíam a pele macia e o crânio estreito, Sidoine pegou o corpo de Médéric, e Médéric, o espírito de Sidoine; de forma que um cresceu em pernas e braços, enquanto o outro cresceu em inteligência. Por isso a amizade deles; eles são um mesmo ser em dois seres diferentes. Aí está, se não me engano, a definição de amizade perfeita."

Quando o bom homem assim falou, seus colegas gargalharam e tomaram-no por louco. Um filósofo dignou-se a demonstrar-lhe que as almas não transvasam ao acaso de maneira alguma, assim como se faria com um líquido; um naturalista gritava-lhe ao mesmo tempo, na outra orelha, que não havia exemplos, na zoologia, de um irmão que cedesse seus ombros ao outro, como quem cede sua parte de um doce. O bom homem continuava a balançar a cabeça, repetindo: "Eu dei a minha explicação, deem vocês as suas; nós veremos em seguida qual das duas será a mais razoável."

Eu meditei durante muito tempo sobre essas palavras e elas me pareceram cheias de sabedoria. Até uma explicação melhor – se é que eu preciso de uma explicação para continuar esta história –, detenho-me naquela dada pelo velho sábio. Bem sei que ela ferirá as ideias geométricas e convictas das pessoas; mas, como estou decidido a acolher com reconhecimento as novas soluções que meus leitores, sem dúvida alguma, encontrarão, eu acredito agir com justiça, em assunto tão delicado.

O que, graças a Deus, não era tema de controvérsias – pois a todos os espíritos corretos convém um fato com frequência –, é que Sidoine e Médéric estavam no melhor de sua amizade. Eles descobriam a cada dia tantas vantagens em ser aquilo que eram que, por nada nesse mundo, gostariam de mudar de corpo ou de espírito.

Sidoine, quando Médéric indicava-lhe um ninho de passarinhos, no alto de um carvalho, declarava-se a criança mais frágil da região. Médéric, quando Sidoine abaixava-se para apoderar-se do ninho, acreditava de boa fé ter a altura de um gigante. Mal vocês fariam se tratassem Sidoine por burro, esperando que ele não soubesse responder; Médéric provaria, em três frases, que os idiotas são vocês. Da mesma forma, se vocês ridicularizassem os pequenos punhos de Médéric, fortes o bastante apenas para esmagar uma mosca, seria outra a conversa; eu não sei como vocês escapariam dos longos braços de Sidoine. Eles eram fortes e inteligentes juntos, já que não se separavam jamais e nunca pensaram que pudesse lhes faltar qualquer coisa, a não ser no dia em que o acaso os separasse.

Para nada esconder, devo dizer que eles levavam, de certa forma, uma vida de vagabundos, pois tinham perdido seus pais muito cedo, sentindo-se assim obrigados a comer o tempo todo e em todos os lugares. Além disso, eles não eram garotos que se pudesse alojar tranquilamente em uma cabana; eu deixo a vocês imaginarem que galpão não seria necessário para Sidoine. Já

Médéric, esse se contentaria com um armário. Se bem que, para a comodidade dos dois, eles se abrigavam no campo, dormindo no verão sobre a relva e no inverno sob um quente cobertor de folhas e musgos secos, pouco se importando com o frio.

Eles formavam, assim, uma dupla muito singular. Médéric tinha o encargo de pensar, e cumpria-o maravilhosamente bem, pois reconhecia à primeira vista os terrenos onde se podiam encontrar as batatas mais saborosas, e descobria em um segundo o tempo que elas deveriam ser deixadas sobre o fogo para que ficassem cozidas no ponto. Sidoine agia; ele desenterrava as batatas, o que não era, certamente, uma tarefa fácil, pois, se seu companheiro não comia mais do que uma ou duas batatas, para ele eram necessárias três ou quatro carroças. Então, eles acendiam o fogo, cobriam-nas de brasa e queimavam os dedos ao retirá-las.

Esses pequenos cuidados domésticos não exigiam grandes ardis ou força física. Mesmo assim, era bonito ver os dois companheiros juntos nas provações mais sérias da vida, como quando precisavam defender-se dos lobos, durante as noites de inverno, ou ainda quando deviam vestir-se decentemente sem terem que desamarrar a bolsa de dinheiro, o que implicava em enormes dificuldades.

Sidoine tinha muito que fazer para manter os lobos à distância. Ele distribuía, à esquerda e à direita, chutes capazes de derrubar uma montanha. Porém, na maioria das vezes, ele não derrubava nada, pelo fato de que era extremamente desajeitado apenas consigo mesmo. Sidoine normalmente saía dessas lutas com as roupas em frangalhos; então, o papel de Médéric começava. Em repreendê-lo, ele nem sonhava. O esperto garoto preferia procurar roupas novas e belas, já que, de qualquer forma, ele precisava exercitar sua imaginação. A cada blusa rasgada – tendo Médéric um espírito fértil para buscar soluções – ele inventava um tecido diferente. Não era tanto a qualidade que o inquietava, e sim a quantidade: imaginem um alfaiate que tivesse que vestir as torres de Notre-Dame!

Uma vez, em uma urgência, ele enviou um pedido aos moleiros, solicitando que, de boa vontade, cedessem as antigas velas de todos os moinhos da região. Como ele pedia com uma graça sem igual, obtive logo velas o suficiente para confeccionar um saco soberbo, que deixou Sidoine honrado.

Outra vez, ele teve uma ideia ainda mais engenhosa. Como uma revolução acabava de estalar no reino, e o povo, para provar seu poder, quebrava os brasões e rasgava as bandeiras do último reinado, ele tomou para si, sem pena alguma, todas as velhas bandeiras que haviam servido nas festas públicas. Eu deixo a vocês o encargo de imaginarem se a blusa, feita de trapos de seda, era algo esplêndido de se ver.

Porém tratava-se, nesse caso, de uma roupa de corte, e Médéric procurava um tecido que resistisse mais tempo aos arranhões e dentadas das feras selvagens. Em uma dessas noites de batalha, quando os lobos terminaram de devorar as bandeiras, veio-lhe uma súbita ideia, considerando as feras que restaram mortas sob o sol. Ele disse a Sidoine que as esfolasse adequadamente e deixasse, em seguida, suas peles secarem ao sol. Oito dias depois, seu grande irmão passeava, de cabeça erguida, vestido galantemente dos despojos de seus inimigos. Sidoine, que era um pouco vaidoso, assim como todos os homens gordos, mostrava-se muito orgulhoso de seus novos trajes; logo, ele se pôs a fazer, a cada semana, uma enfurecida carnificina de lobos, dando-lhes golpes na cabeça da forma mais delicada possível, por temor de estragar as peles.

Já Médéric não precisava se preocupar com seu guarda-roupa. Eu não lhes disse, até agora, absolutamente nada sobre como ele mesmo se vestia, mas vocês certamente compreenderam que Médéric fazia-o sem precisar de tantos esforços; o menor pedaço de fita lhe bastava. Ele era bastante gracioso, e seu talhe bem feito, ainda que pequeno, de modo que as damas disputavam entre si para enfeitá-lo com rendas e babados. Assim, podia-se sempre encontrá-lo vestido na última moda.

Eu não saberia dizer se os fazendeiros ficavam muito animados tendo como vizinhos os dois amigos; mas eles tinham tanto respeito pelos punhos de Sidoine e tanta amizade pelo lindo sorriso de Médéric, que os deixavam viver em seus campos como se estivessem em casa. Os dois, além disso, não mediam hospitalidades; eles não arrancavam nenhum legume sem que houvesse caça ou pesca para acompanhá-lo. Em um acesso de mau-humor, eles teriam arruinado a região em três dias; um simples passeio pelos campos de trigo bastaria. Por isso, havia mesmo um certo reconhecimento pelo mal que eles não faziam. Agradeciam-lhes pelos lobos que matavam aos montes e pelo grande número de estrangeiros curiosos que atraíam nos vilarejos das redondezas.

Eu hesito em entrar no assunto, antes de contar-lhes mais detalhadamente sobre meus heróis. Conseguem visualizá-los diante de vocês? Sidoine, alto como uma torre, envolto em peles cinzentas; Médéric, adornado por fitas e lantejoulas, brilhante em meio à erva, como um escaravelho dourado. Conseguem imaginá-los passeando pelos campos, ao longo dos córregos, comendo e dormindo nas clareiras da floresta, vivendo em plena liberdade sob o céu de Deus? Imaginam o quanto Sidoine era tolo, com seus grossos punhos, e todas as engenhosas invenções e refinadas réplicas que se abrigavam na pequena cabeça de Médéric? Acreditam na ideia de que a união faz a força e de que, nascidos distantes um do outro, eles teriam sido pobres diabos incompletos, obrigados a viver segundo os usos e costumes de toda a gente? Convenceram-se de que, se eu tivesse más intenções, poderia acobertar qualquer sentido filosófico nesta história? Estão finalmente decididos a dar todo o reconhecimento ao meu gigante e ao meu anão, os quais eu eduquei com um cuidado particular, de modo a fazer deles a dupla mais maravilhosa do mundo?

Sim?

Então aqui começo, sem mais tardar, a espantosa história de suas aventuras.

ELES COLOCAM-SE EM CAMPO

Em uma manhã de abril, na qual o ar ainda estava fresco e um leve nevoeiro levantava-se da terra úmida, Sidoine e Médéric aqueciam-se ao redor de uma fogueira. Eles acabavam de tomar o desjejum e esperavam que a brasa se extinguisse para fazer um pequeno passeio. Sidoine, sentado sobre uma grande pedra, observava o carvão com um ar pensativo; porém, era preciso desconfiar, pois todos sabiam que o bravo garoto jamais pensava em coisa alguma. Ele sorria aparvalhado, apoiando os punhos sobre os joelhos. Médéric, deitado à sua frente, contemplava com admiração os punhos de seu companheiro; como ele os tinha visto crescer, encontrava, ao observá-los, um eterno motivo de alegria e espanto.

– Oh! Que belo par de punhos – pensava ele –, que punhos majestosos! Como os dedos que dele surgem são espessos e bem plantados! Eu não gostaria, nem por todo o ouro do mundo, de receber o menor piparote dele; seria suficiente para golpear um boi. O caro Sidoine não parece ter nenhuma dúvida de que carrega a nossa sorte em seus braços.

Sidoine, que se alegrava com o fogo, alongava as mãos de forma bastante indolente. Ele balançava suavemente a cabeça, abismado em total esquecimento das coisas deste mundo. Médéric aproximou-se do fogo que se apagava.

– Não é uma pena – disse ele em voz baixa – valer-se de tão belas armas contra as perversas carcaças de alguns lobos sarnentos? Elas realmente merecem uma utilização mais nobre, como a de esmagar batalhões inteiros de homens ou a de derrubar as muralhas dos vilarejos. Nós, que certamente nascemos para os grandes destinos, estamos aqui, no nosso décimo sexto ano de vida, sem que tenhamos feito a menor façanha. Estou farto da vida que levamos no fundo deste vale perdido, e acho que já é hora de irmos à conquista do reino que Deus nos reservou em alguma parte; pois quanto mais eu admiro os punhos de Sidoine, mais me convenço: são punhos de rei.

Sidoine estava longe de pensar nos grandes destinos sonhados por Médéric. Ele estava aborrecido, pois pouco havia dormido na noite precedente. Podia-se sentir, pela regularidade de sua respiração, que ele não fazia o menor esforço para idealizar qualquer sonho.

– Hei! Meu amigo! – gritou-lhe Médéric.

Ele levantou a cabeça e olhou seu companheiro com um ar inquieto, arregalando os olhos e erguendo as orelhas.

– Escuta – prosseguiu Médéric – e trata de entender, se te for possível. Estou pensando em nosso futuro, e acho que nós o temos negligenciado muito. A vida, meu amigo, não consiste simplesmente em comer belas batatas douradas e vestir-se com as mais esplêndidas peles. É preciso, além disso, fazer um nome no mundo, criar uma posição para si. Nós não somos pessoas comuns, que podem se contentar com o estado e o título de vagabundos. É certo que não desprezo este encargo, que é também aquele dos lagartos, animais certamente mais felizes do que o ser humano; mas nós sempre poderemos retomá-lo. É o caso, creio, de sairmos o mais rápido possível deste lugar, pequeno demais para nós, e procurarmos domínios mais vastos, onde possamos mostrar nossa superioridade. Certamente, nós faremos fortuna rápido, se tu me auxiliares através de teus meios, ou seja, distribuindo socos segundo minha opinião e meus conselhos. Compreendes?

– Acredito que sim – respondeu Sidoine com um tom modesto –, nós vamos viajar e brigar ao longo da estrada. É uma ideia atraente.

– Somente – continuou Médéric – nos falta uma meta que nos demova do lazer de vagabundear pelo caminho. Vê bem, meu amigo, nós amamos demais o sol. Seríamos bem capazes de passar nossa juventude a aquecer-nos ao pé das sebes, se nós não conhecermos, ao menos por ouvir dizer, o reino que desejamos encontrar. Eu então procurei um lugar que fosse digno de nos acolher. Confesso que, no começo, não encontrei nenhum. Felizmente, lembrei-me de uma conversa que tive, há alguns dias, com um pássaro conhecido meu, um caboclinho-frade. Ele me disse vir diretamente de um grande reino, chamado Reino dos Felizes, celebrado pela fertilidade do solo e pelo excelente caráter de seus habitantes; ele é governado nesse momento por uma jovem rainha, a amável Primavera, que, na bondade de seu coração, não se contenta em deixar viver em paz suas criaturas, pois quer partilhar entre os animais do império as raras felicidades de seu reino. Eu poderia contar-te, numa noite dessas, as estranhas histórias que me relatou sobre esse assunto meu amigo caboclinho. Talvez – pois tu me pareces particularmente curioso hoje – desejes saber como eu pretendo agir no Reino dos Felizes. Desde já, julgando as coisas à distância, parece-me bastante conveniente fazer-me amado pela princesa Primavera e desposá-la, para viver com abundância em seguida, sem preocuparme com os outros impérios do mundo. Nós providencia-remos uma posição que convenha aos teus gostos, per-mitindo que te entretenhas. Eu prometo criar-te, cedo ou tarde, um encargo tão nobre que o mundo, daqui há mil anos, ainda falará sobre teus punhos.

Sidoine, que tudo havia compreendido, teria salta-do no colo de seu irmão, se isso fosse possível. Ele, cuja imaginação era habitualmente muito preguiçosa, via, com os olhos da alma, campos de batalha vastos como o oceano, perspectiva risonha que fazia com que corressem, ao longo de seus braços, estremecimentos de alegria. Ele se levantou, apertou o cinturão de sua blusa e colocou-se diante de Médéric. Este pensava, lançando em torno de si olhares tristes.

– Os habitantes dessa região sempre foram bons para nós – disse ele finalmente –, eles nos suportaram em seus campos. Sem eles, nós não teríamos um as-pecto tão confiante. Devemos, antes de abandoná-los, deixar-lhes uma prova de nosso reconhecimento. Que poderíamos nós fazer que lhes fosse agradável?

Sidoine acreditou ingenuamente que essa pergunta dirigia-se a ele, e teve uma ideia.

– Irmão – respondeu ele –, o que achas de um gran-de foguetório? Nós poderíamos queimar o vilarejo mais próximo, para extrema satisfação dos habitantes; pois, por menos que apreciem meus gostos, nada os distrairia tanto quanto belas chamas vermelhas em uma noite negra.

Médéric deu de ombros.

– Meu amigo – disse ele –, eu te aconselho a nunca te meteres no que não é de tua conta. Deixa-me refletir um segundo. Se eu precisar de teus braços, aí então será tua vez de trabalhar.

– Aí está! – exclamou ele depois de um curto silêncio. – Há, ao sul, uma montanha que, pelo que me disseram, incomoda muito nossos bem-feitores. O vale carece de água; suas terras são de tal secura que produzem o pior vinho do mundo, o que é um contínuo tormento para os bêbados do reino. Cansados das esmagadoras derrotas, eles convocaram, ultimamente, todas as academias; uma tão douta assembléia poderia certamente inventar a chuva, sem maiores dificuldades do que nosso bom Deus. Os sábios puseram-se em campo; eles fizeram estudos notáveis sobre a natureza e a inclinação dos terrenos, concluindo que não haveria nada mais fácil do que desviar e conduzir sobre a planície as águas do rio vizinho, se essa maldita montanha não se encontrasse justamente na passagem. Observa bem, meu amigo, como os homens, nossos irmãos, são pobres seres. Eles estavam lá, centenas deles, a medir, a nivelar, a desenhar soberbos planos; eles diziam, sem se enganarem, do que era feita a montanha, se era de mármore, giz ou gipsita; e nenhum deles, nem mesmo dentre os maiores, pensou em transportá-la a outro lugar, onde ela não incomodasse mais. Pega a montanha, meu amigo. Eu vou procurar um lugar onde possamos colocá-la sem maiores inconvenientes.

Sidoine abriu os braços e cercou delicadamente os rochedos. Depois, fez um leve esforço, inclinando-se para trás, e levantou-se, apertando o fardo contra seu peito. Ele sustentou-o sobre seu joelho, esperando que Médéric se decidisse. Este hesitava.

– Eu faria bem em lançá-la ao mar – murmurou ele –, mas tal seixo ocasionaria certamente um novo dilúvio. Eu tampouco posso colocá-la brutalmente sobre a terra, sob risco de estragar um vilarejo, ou talvez dois. Os agricultores dariam belos gritos, se eu cobrisse um campo de nabos ou cenouras. Observa, Sidoine, meu amigo, o embaraço em que me encontro. Os homens partilharam o solo de um modo ridículo; não se pode nem mesmo mover uma pobre montanha sem esmagar os repolhos de um vizinho.

– Dizes uma grande verdade, meu irmão – respondeu Sidoine. – Somente, eu peço que tenhas uma ideia o mais rápido possível. Não é que esse seixo esteja pesado; mas ele é tão grande, que me atrapalha um pouco.

– Vem, então – respondeu Médéric. – Nós vamos colocá-lo entre estas duas colinas que tu vês ao norte da planície. Lá, há uma grande garganta, que sopra um frio do diabo neste reino. Nosso seixo, que a cobrirá perfeitamente, abrigará o vale dos ventos de março e de setembro.

Quando eles lá chegaram, Sidoine aprontava-se para jogar a montanha de seus braços, assim como o lenhador joga seu feixe de lenha, retornando da floresta:

– Por Deus, meu amigo! – gritou Médéric. – Desliza a montanha delicadamente, se não quiseres sacudir a terra em um diâmetro de cinquenta léguas. Bem, não te apresses nem te preocupes com as esfoladuras. Eu acho que ela está oscilando. Seria bom calçá-la com alguma rocha, para que ela não tenha a ousadia de rolar, já que nós não estaremos mais aqui. Pronto, está feito. Agora, as honestas pessoas deste reino poderão beber vinho; elas terão água para irrigar seus vinhedos e sol para amadurecer os cachos de uva. Escuta, Sidoine, sinto-me no dever alertar-te, nós somos mais hábeis do que uma dúzia de batalhões. Poderemos, em nossas viagens, mudar ao nosso agrado a temperatura e a fertilidade dos lugares. Agora, trata-se simplesmente de reparar o terreno e instalar ao norte um pára-vento, depois de ter arrumado um declive para as águas. A terra, eu bem reparei, está mal batida; duvido que os homens tenham algum dia espírito suficiente para deixá-la digna de uma nação civilizada. Nós teremos que trabalhar um pouco nela, nos nossos momentos de folga. Hoje, eis nossa dívida de gratidão paga. Meu amigo, sacode a tua blusa que está toda branca de poeira e vamo-nos embora.

Sidoine, é necessário contar, só entendeu a última palavra desse discurso. Ele não era filantropo, possuindo um espírito simples demais para isso, e pouco se importava com um vinho do qual ele jamais beberia. A ideia de viajar encantava-o; assim que seu irmão falou-lhe de partir, a alegria o fez dar dois ou três largos passos, o que o distanciou várias dezenas de quilômetros de Médéric. Felizmente, este tinha se agarrado a um pedaço de sua blusa.

– Hei, meu amigo – gritou ele – não poderias fazer movimentos menos bruscos? Para, pelo amor de Deus! Acreditas que minhas perninhas sejam capazes de semelhantes saltos? Se pensas em andar em tal passo, eu te deixo ir adiante e talvez me una a ti daqui a algumas centenas de anos. Para, senta-te um pouco.

Sidoine sentou-se. Médéric agarrou com as duas mãos a barra da calça de peles. Como era de uma agilidade incrível, ele subiu ligeiramente sobre o joelho de seu companheiro, valendo-se dos tufos de pelos e das protuberâncias que encontrava pelo caminho. Depois, avançou ao longo da coxa, que lhe parecia uma bela e grande estrada, larga, reta, sem nenhuma subida. Quando chegou ao fim, ele apoiou o pé na primeira botoeira da blusa, agarrou-se na segunda, subindo assim até o ombro de seu amigo. Ali, ele fez seus preparativos de viagem e pôs-se à vontade, deitando-se comodamente na orelha esquerda de Sidoine. Médéric havia escolhido esse alojamento por dois motivos: primeiro, porque assim ele se encontrava ao abrigo da chuva e do vento, a orelha em questão tratando-se de uma senhora orelha; segundo, para dessa forma poder comunicar ao seu companheiro uma vasta gama de advertências interessantes, seguro de que seria escutado.

Médéric pendurou-se na borda de uma coisa negra que ele descobriu no fundo de sua nova habitação e, com voz imponente, gritou nesse abismo:

– Agora, meu amigo, tu podes correr, se te pareces bom. Não te distraias nas trilhas e faze de modo com que cheguemos o mais rápido possível, entendeste?

– Sim, meu irmão – respondeu Sidoine. – Peço somente que não fales assim tão alto, pois tua respiração me faz cócegas desagradáveis.

E eles partiram.

PRIMEIRAS IMPRESSÕES SOBRE AS MÚMIAS

Qualquer um poderia querer solicitar um ministro de obras públicas para o estabelecimento de pontes e estradas, menos Sidoine. Ele normalmente andava pelos campos, pouco se inquietando com as valas e ainda menos com as colinas, professando um profundo desdém pelas curvas abertas nas trilhas. A brava criança fazia cálculos geométricos sem sabê-lo, pois descobriu sozinha que a linha reta é o mais curto caminho de um ponto a outro.

Ele atravessou, assim, uma dúzia de reinos, tendo sempre o cuidado de não colocar seu pé no meio de algum vilarejo, o que certamente desagradaria os seus habitantes. Ele saltou dois ou três mares, sem muito se molhar. Quanto aos rios, Sidoine nem mesmo dignou-se a ficar zangado com eles, tomando-os por magros filetes de água dos quais a terra fica repleta após uma tempestade. O que o divertiu prodigiosamente foram os viajantes que ele encontrou pelo meio do caminho; ele os via suarem ao longo das montanhas, irem ao norte para voltarem ao sul, lerem as placas ao longo das estradas, preocuparem-se com a chuva, com os assuntos rotineiros, com as inundações, com a rapidez de seus cavalos. Sidoine tinha uma vaga consciência do quão ridículas eram essas pobres pessoas, que iam alegremente arriscar-se com uma cambalhota em algum precipício, quando podiam perfeitamente ficar sentadas na tranquilidade de seus lares.

– Que diabos! – teria dito Médéric. – Quando se é assim fraco e pequeno, deve-se ficar em casa.

Contudo, Médéric não havia olhado para a terra até então. Após alguns minutos de caminhada, porém, ele desejou reconhecer o lugar onde estava. Colocou o nariz para fora, alçou o corpo para observar a planície e girou em direção aos quatro cantos do mundo, mas tudo o que viu foi uma vastidão de areia, um imenso deserto que preenchia o horizonte. O lugar desagradou-lhe.

– Meu Deus! – disse a si mesmo. – Como as pessoas deste reino devem passar sede! Daqui observo as ruínas de um grande número de cidades, e poderia jurar que seus habitantes estão mortos pela falta de um copo de vinho. Certamente, não é aqui o Reino dos

Felizes; meu amigo caboclinho descreveu-lhe como fértil em vinhedos e em frutas de todas as espécies. Encontram-se neste Reino, ele mesmo acrescentou, fontes de uma água límpida, excelente para lavar as garrafas. Este descerebrado do Sidoine certamente fez com que nos perdêssemos.

E, girando em direção ao fundo da orelha que o abrigava, ele gritou:

– Hei, meu amigo! Para onde estás indo?

– Por Deus! – respondeu Sidoine sem deter-se. – Estou indo para frente, oras.

– És um tolo, meu amigo – respondeu Sidoine. – Pareces não ter dúvidas de que a terra é redonda e de que, seguindo sempre em frente, não chegarás a lugar algum. Aqui estamos nós, bem perdidos.

– Oh! – disse Sidoine correndo mais ainda – pouco me importa; em qualquer lugar eu estarei em casa.

– Mas então para um instante, infeliz! – gritou de novo Médéric. – Eu suo, ao ver-te andar desse jeito. Eu deveria ter me mantido desperto durante o caminho. Certamente, tu atravessaste os domínios da amável Primavera como quem passa pela cabana de um carvoeiro: palácios e cabanas são do mesmo nível para tuas longas pernas. Agora, teremos que percorrer o mundo ao acaso. Eu observarei os impérios passarem do alto de teu ombro, até o dia em que descobrirmos o Reino dos Felizes. Enquanto esperamos, nada nos apressa, já que não somos esperados. Eu acho que seria útil se nos sentássemos um instante para meditarmos mais confortavelmente sobre esta singular região que nós atravessamos neste momento. Meu amigo, senta-te sobre esta montanha que está aqui aos teus pés.

– Isso, uma montanha? – respondeu Sidoine sentando-se nela. – Isso é um pavimento, ou o diabo que me carregue!

Para dizer a verdade, esse pavimento era uma das grandes pirâmides. Nossos companheiros, que acabavam de atravessar o deserto da África, encontravam-se neste momento no Egito. Sidoine, que não possuía conhecimentos muito precisos em história, olhou o Nilo como se ele fosse um riacho lamacento; quanto às esfinges e aos obeliscos, eles pareceram-lhe cascalhos de forma muito singular e feia. Médéric, que tudo sabia sem nada ter aprendido, zangou-se com a pouca atenção que seu irmão dava a essa lama e a essas pedras, vistas e admiradas em um diâmetro de mais de quinhentas léguas.

– Hei, Sidoine! – disse ele. – Trata de tomar, se te for possível, um ar de admiração e de respeitoso enlevo. É de péssimo gosto permanecer calmo diante de semelhante espetáculo. Eu temo que alguém perceba teu desdém, balançando assim a cabeça diante das ruínas do velho Egito. Nós perderíamos a estima das pessoas de bem. Observa que, nesse caso, não se trata de compreender, coisa que ninguém tem vontade de fazer, mas de parecer profundamente tocado pelo grande interesse que nos apresentam estas pedras. Tu tens espírito o suficiente para sair dessa situação com honra. Ali está o Nilo, essa água amarela estagnada sobre o lodo. É, pelo que me disseram, um rio muito antigo; deve-se pensar, no entanto, que ele não seja mais velho do que o Sena ou o Líger. Os povos antigos contentaram-se em encontrar suas embocaduras; já nós, povo curioso que adora se meter naquilo que não é de nossa conta, nós procuramos as fontes há várias centenas de anos, sem que tenhamos conseguido, até hoje, descobrir o seu mais magro reservatório. Os sábios dividem-se: para alguns, existe certamente uma fonte em algum lugar, e trata-se somente de procurar direito; os outros, que me parecem ter mais chances de estarem certos, juram que revistaram todos os cantos, e que certamente o rio não tem fonte alguma. Quanto a mim, eu não tenho uma opinião determinada sobre esse assunto, pois raramente me acontece de pensar nele; além disso, qualquer solução possível não me engordaria um centímetro sequer. Observa agora estas bestas feias que nos rodeiam, queimadas por milhões de sóis; é por pura maldade, assegurase, que elas não falam. Elas conhecem o segredo dos primeiros dias do mundo, e o sorriso que guardam em seus lábios é um simples modo de debochar de nossa ignorância. Eu, por mim, não as julgo assim tão más; elas são boas pedras, de uma grande modéstia de espírito, que sabem menos do que se diz. Escuta bem, meu amigo, não temas aprender demais. Eu nada te direi sobre Memphis, cujas ruínas avistamos no horizonte; eu nada te direi pelo simples motivo de que não vivi no tempo de sua glória, e desconfio muito dos historiadores que dela falaram. Eu não poderia ler os hieróglifos dos obeliscos e dos velhos muros desabados; além do fato de que isso não me divertiria, sendo eu muito escrupuloso em matéria de história. Eu teria um imenso temor de tomar A por B e de induzir-te assim a erros que seriam para ti de uma deplorável conseqüência; por isso, prefiro unir a essas considerações gerais algumas rápidas impressões sobre as múmias. Nada é mais agradável ao olhar do que uma múmia bem conservada. Os egípcios certamente eram enterrados com tantas extravagâncias por preverem o raro prazer que nós teríamos um dia ao desenterrá-los. Quanto às pirâmides, elas serviam de túmulos, segundo a opinião comum; entretanto, talvez elas estivessem destinadas a algum outro uso que nos escapa. Assim, a julgar por esta sobre a qual estamos sentados – pois nosso assento, peço que observes, é uma pirâmide da mais bela construção – eu pensaria que tivesse sido edificada por um povo hospitaleiro, para servir de assento aos viajantes fatigados, não fosse pelo pouco conforto que elas oferecem em tal emprego. Eu terminarei com uma moral: saibas, meu amigo, que trinta dinastias dormem sob nossos pés; os reis estão deitados na areia aos milhares, completamente envolvidos por tiras de tecido, possuindo ainda seus dentes e cabelos, sua bochechas frescas. Nós poderíamos, se procurássemos bem, compor uma bela coleção deles, que seria de grande interesse para os cortesãos. É uma pena que seus nomes tenham sido esquecidos, pois assim não poderíamos saber como etiquetá-los de modo conveniente: eles estão todos mais mortos do que seus próprios cadáveres. Se um dia te tornares rei, pensa nessas pobres múmias reais adormecidas no deserto. Elas venceram aproximadamente cinco mil anos, mas não puderam sobreviver nem mesmo dez séculos na memória dos homens. Tenho dito. Nada desenvolve a inteligência como as viagens. Espero assim aperfeiçoar a tua educação, dando a ti um curso prático sobre os diversos assuntos que se apresentarão ao longo do caminho.

Durante esse longo discurso, Sidoine, para agradar seu companheiro, tomou o ar mais deslumbrado do mundo. Observem que esse era precisamente o ar necessário à situação; mas, na verdade, ele se entediava com toda a vasta abrangência dos mecanismos expostos, olhando o Nilo, as esfinges e as pirâmides com um olhar desesperado, esforçando-se para pensar nas múmias, sem grandes resultados. Sidoine procurava furtivamente no horizonte um assunto que lhe permitisse interromper o orador de uma forma polida. Como Médéric já se calava, foi um pouco tarde que ele percebeu duas tropas de homens que surgiam nas duas pontas opostas da planície.

– Irmão – disse ele –, os mortos me entediam. Informemo-nos sobre aquelas pessoas que vêm em direção a nós.

Os punhos de Sidoine

Eu me esqueci de dizer que talvez fosse meio-dia, quando nossos viajantes discorriam sobre a espécie humana, sentados sobre uma das grandes pirâmides. O Nilo rolava pesadamente suas águas sobre a planície, semelhantes ao escoamento de um metal em fusão; o céu estava branco como a abóbada de uma enorme fornalha aquecida por algum cozimento gigantesco. Na terra, não havia uma única sombra; ela estava adormecida, sem respiração alguma, esmagada por um sono de pedra. Na imensa imobilidade do deserto avançavam duas tropas formadas por colunas, semelhantes a serpentes, escorregando lentamente sobre a areia.

As tropas alongavam-se continuamente. Logo já não eram mais simples caravanas, e sim dois exércitos formidáveis, dois povos ordenados em filas desmesuradas que iam de uma ponta do horizonte a outra, cortando em uma linha escura a brancura reluzente do sol. Aqueles que vinham do norte vestiam casacas azuis; os outros, que vinham do sul, vestiam blusões verdes. Todos levavam nos ombros longas espadas em aço; de modo que, a cada passo que davam as colunas, um imenso clarão permeava-as silenciosamente. As tropas andavam uma em direção à outra.

– Meu amigo – gritou Médéric –, posicionemo-nos bem, pois, se não me engano, nós veremos um belo espetáculo. A estas bravas pessoas não falta espírito. O lugar não poderia ser mais bem escolhido para se cortar comodamente a garganta de alguns milhares de homens. Eles se massacrarão à vontade, e os derrotados terão um belo campo de corrida, já que deverão evadir o mais rápido possível. Dize-me se existe planície semelhante a esta, onde se possa guerrear com extrema satisfação dos espectadores.

As duas armadas pararam uma em frente a outra, deixando entre elas uma larga faixa de terreno. Elas evocaram brados terríveis, agitaram suas armas e mostraram os punhos em sinal de ataque, mas não avançaram mais de seis passos. Cada uma delas parecia ter um grande respeito pelas espadas inimigas.

– Oh! Que frouxos patifes! – repetia Médéric, que se impacientava. – Será que esperam dormir por aqui? Eu poderia jurar que eles percorreram mais de cem léguas unicamente pelo prazer de se trucidarem, e agora, hesitam em trocar o menor piparote. Eu te pergunto, meu irmão, se é lógico que dois ou três milhões de homens encontrem-se no Egito, sob o sol do meio-dia, para olharem-se face a face, gritando injúrias uns aos outros. Vocês deveriam lutar, seus patifes! Ao invés disso, vês: eles bocejam sob o sol, como lagartos; parecem estar certos de que nós esperamos. Ah! Duplamente covardes, irão lutar ou não?

Os Azuis, como se compreendessem as exortações de Médéric, deram dois passos adiante. Os Verdes, vendo a manobra, deram por prudência dois passos em recuo. Sidoine ficou escandalizado.

– Irmão – disse ele. – Eu sinto um furioso desejo de meter-me nessa guerra. Não concordas que seria bom testar meus punhos nessa ocasião?

– Por Deus! – respondeu Médéric. – Terás tu concebido uma ideia decente em tua vida? Arregaça as mangas e entra nessa empreitada, meu amigo.

Sidoine arregaçou as mangas e se levantou.

– Por qual lado devo começar? – perguntou ele. – Pelos Azuis ou pelos Verdes?

Médéric refletiu um instante.

– Meu amigo – disse ele –, os Verdes são seguramente os mais covardes. Aniquila-os para mim, para que aprendam que o medo não assegura os golpes. Mas espera, eu nada quero perder do espetáculo; vou, antes de tudo, posicionar-me comodamente.

Tendo isso dito, ele subiu na orelha de seu irmão e nela deitou-se de barriga para baixo, tendo o cuidado de somente deixar para fora a cabeça; em seguida, agarrou uma mecha de cabelo que encontrou sob sua mão, a fim de não ser arremessado para baixo, em meio à rixa. Tendo-se assim disposto, ele declarou estar pronto para o combate.

Imediatamente, Sidoine, sem emitir grito algum, caiu sobre os Verdes de braços abertos. Ele movia seus punhos à medida que se fazia necessário, como se fossem chicotes, e batia na armada com rápidos golpes, fazendo-a saltar como trigo no ar. Ao mesmo tempo, ele jogava seus pés para a direita e para a esquerda, em meio aos batalhões, quando algumas filas mais largas vetavam-lhe a passagem. Foi um belo combate, eu asseguro-lhes, digno de uma epopéia em vinte e quatro cantos. Nosso herói passeava sobre as espadas, sem mais se preocupar com elas do que com meras folhas da erva; ele ia, aqui e acolá, abrindo por todos os lados largas lacunas, esmagando uns contra a terra, lançando outros a vinte e quatro metros de altura. As pobres pessoas morriam, sem terem nem mesmo o consolo de saber qual seria a rude mão que as sacudia de tal forma. Em um primeiro momento, quando Sidoine repousava tranquilamente sobre a pirâmide, nada o distinguia claramente dos blocos de granito e, em seguida, quando ele se ergueu, não deixou ao inimigo nem mesmo o tempo de observá-lo. Lembrem-se de que era preciso, ao olhá-lo, dois bons minutos, para subir com os olhos ao longo de seu corpo, antes de encontrar seu rosto. Os Verdes não tinham, logo, uma ideia muito nítida da causa dos formidáveis golpes que os derrubavam às centenas. A maior parte deles certamente pensou, em seus últimos suspiros, que a pirâmide desabava sobre eles, sem poderem imaginar que punhos humanos tivessem tantas semelhanças com enormes pedras. Médéric, maravilhado pelos feitos das armas, mexia-se à vontade; ele aplaudia, pendurando-se sob risco de cair; perdia o equilíbrio e agarrava-se de novo, rapidamente, à mecha de cabelo de Sidoine. Enfim, não podendo mais permanecer calado diante de tais circunstâncias, ele saltou sobre os ombros de nosso herói, onde se manteve, segurando-se no lóbulo de sua orelha; de lá, ora ele admirava a planície, ora se virava para bradar algumas palavras de encorajamento.

– Minha nossa! – gritava ele. – Que tapas, por Deus! Que belo som de martelos sobre bigornas! Hei, meu amigo! Bate mais à tua esquerda, para que extermines essa grande cavalaria que finge galopar. Hei! Mais rápido, vamos! Bate mais à tua direita, lá, sobre aquele grupo de guerreiros carregados de ouro e de bordados, e atinje-os com chutes e socos ao mesmo tempo, pois acredito que se trate de príncipes, duques e outras cabeças de peso. Com cadência, meu amigo, com cadência! Procede com método, assim a empreitada terminará mais rápido. Muito bem, isso! Eles caem às centenas, em uma ordem perfeita. Eu adoro a regularidade em todas as coisas. Que maravilhoso espetáculo! Diríamos que se assemelha a um campo de trigo, em dia de colheita, quando os feixes são depositados à beira dos caminhos, em longos arranjos simétricos. Continua a bater, meu amigo. Não te divirtas em esmagar os fujões um a um; carrega-os pelas calças e não levantes a mão por menos de três ou quatro dezenas. Minha nossa! Que tabefes, que golpes, que triunfantes chutes!

Médéric extasiava-se, girando o pescoço em todas as direções, sem encontrar exclamações suficientes para ilustrar seu contentamento. Na verdade, Sidoine não batia nem mais forte nem mais rápido do que antes. Ele tinha pegado, no começo, um pequenino e bom homem, e continuou sua tarefa com ardor, sem acelerar seus movimentos. Ao mesmo tempo, ele vigiava o entorno da armada; quando percebia algum fujão, contentava-se em reenviá-lo ao seu posto com um piparote, para que este tivesse sua parte no regalo, quando chegasse a sua vez. Ao final de quinze minutos de semelhantes táticas, os Verdes encontravam-se todos adequadamente deitados no solo, sem que nem mesmo um único homem ficasse em pé para levar ao resto da nação a notícia de sua derrota; circunstância rara e aflitiva, que nunca mais se reproduziu na história do mundo.

Médéric não gostava de ver sangue derramado. Quando tudo foi encerrado, ele disse:

– Meu amigo, já que destruíste este exército, parece-me justo que o enterres.

Sidoine, olhando ao seu redor, percebeu cinco ou seis montes de areia que lá se encontravam. Ele os empurrou para dentro do campo de batalha com a ajuda de vigorosos pontapés e achatou-os com as mãos, de modo a formar somente uma pequena colina, que serviu de túmulo a cerca de um milhão e cem mil homens. Em semelhante situação, é raro que um conquistador tome para si esses cuidados com os derrotados; isso prova o quanto meu herói, em todo seu heroísmo, mostrava-se uma boa criança nesta ocasião. Durante a batalha, os Azuis, estupefatos por esse reforço que lhes caía do alto de uma das grandes pirâmides, tiveram tempo de perceber que aquilo não era um desmoronamento de pedras, e sim um homem de carne e osso. Eles pensaram, no começo, em tentar ajudá-lo; depois, observando o modo desenvolto com que Sidoine trabalhava, compreenderam que sua ajuda seria mais um incômodo, e retiraram-se discretamente a alguma distância, por temor de serem esmagados. Eles se levantavam nas pontas dos pés, empurrando-se para melhor ver, acolhendo cada golpe com uma salva de palmas. Quando os Verdes foram mortos e enterrados, os Azuis urraram e felicitaram-se pela vitória; todos falavam ao mesmo tempo e misturavam-se em um grande tumulto.

Enquanto isso, Sidoine, que estava com sede, desceu à beira do Nilo para beber um pouco de água fresca, mas acabou sugando-o inteiro em um único gole. Felizmente, para o Egito, ele achou a bebida tão quente e insossa que se apressou em devolver o rio ao seu leito, sem engolir uma única gota; vejam bem a que se deve a fertilidade de um país.

De muito mau-humor, ele retornou à planície e observou os Azuis esfregando as mãos.

– Irmão – disse ele com um tom insinuante –, e se eu batesse um pouco nesses homens, agora? Eles fazem muito barulho. O que tu achas de alguns socos para forçá-los a um silêncio respeitoso?

– Guarda os socos para ti! – respondeu Médéric. – Eu os observo há alguns instantes, e acredito que eles tenham as melhores intenções do mundo. Por certo, eles falam sobre ti. Trata, meu amigo, de tomar um ar majestoso, pois, se não me engano, os grandes destinos irão se realizar. Olha, aí vem uma delegação.

À algazarra de um milhão de homens emitindo cada um sua opinião, sem querer escutar a do vizinho, sucedeu-se o mais profundo silêncio. Os Azuis certamente acabavam de se entender entre si; o que não deixa de ser algo peculiar, pois, na assembléia de nosso belo país, onde os membros não são mais do que algumas centenas, não se pôde até hoje entrar em um acordo em relação à menor bagatela.

A armada desfilava em duas colunas. Logo, ela formou um círculo imenso. No meio dele, encontrava-se Sidoine, bastante embaraçado; ele abaixava os olhos, envergonhado ao ver tantas pessoas olhando-o. Quanto a Médéric, este compreendeu que sua presença seria um motivo de espanto, inútil e mesmo perigosa nesse momento decisivo. Então, ele retirou-se, por prudência, à orelha que lhe servia de abrigo desde a manhã.

A delegação parou a vinte passos de Sidoine. Ela não era composta por guerreiros, e sim por velhos de aspecto severo, cabeças nuas e barbas magistrais, que caíam em uma enxurrada de prata sobre as túnicas azuis. Suas mãos tinham herdado as rugas secas dos pergaminhos que eles folheavam incessantemente; seus olhos, habituados somente à claridade de lamparinas, sustentavam o brilho do sol piscando como corujas perdidas no meio do dia; suas colunas curvavam-se como que diante de um púlpito eterno; em suas vestes, manchas de óleo e rastros de tinta desenhavam estranhos bordados, signos misteriosos que não deviam significar pouca coisa em suas altas e renomadas ciências e sabedorias.

O mais velho, mais seco, mais cego e mais sarapintado da douta comitiva avançou três passos e fez uma profunda reverência. Depois disso, tendo se erguido, ele abriu os braços para somar às palavras os gestos mais convenientes.

– Senhor Gigante – disse ele com voz solene –, eu, príncipe dos oradores, membro e decano de todas as academias, grande dignitário de todas as ordens, eu lhe falo em nome de uma nação. Nosso rei, um pobre sírio, morreu, há duas horas, com uma perturbação no peito, por ter visto os Verdes no outro lado da planície. Nós estamos, assim, sem um líder que nos sobrecarregue de impostos e nos faça matar em nome do bem público. Este é, como o senhor bem sabe, um estado de liberdade comumente desagradável para os povos. Nós precisamos de um rei o mais rápido possível; em nossa pressa em nos prosternarmos diante de pés reais, nós pensamos no senhor para nosso rei, que peleja tão valentemente. Nós acreditamos, ao oferecer-lhe a coroa, reconhecer seu devotamento à nossa causa. Eu bem sei que tal circunstância pediria um discurso em uma língua sábia, sânscrita, hebraica ou grega, ou ao menos latina; porém, como sou obrigado pelas circunstâncias a improvisar, que a certidão de poder reparar mais tarde essa falta de conveniências me sirva como desculpa diante do senhor.

O velho fez uma pausa.

– Eu bem sabia – pensou Médéric – que meu amigo tinha punhos de rei.

O discurso de Médéric

– Senhor Gigante – continuou o príncipe dos oradores –, resta a mim mostrar-lhe as decisões que a nação tomou e quais provas de aptidão à realeza ela lhe pede, antes de levá-lo ao trono. Ela está fatigada de ter por líderes pessoas que se parecem em todos os aspectos com seus súditos; líderes que não podem dar o menor soco sem esfolar-se ou mesmo pronunciar, a cada três dias, um laborioso discurso sem morrerem tísicos ao final de quatro ou cinco anos. Ela quer, em uma única palavra, um rei que a divirta, e está persuadida de que, dentre todos os atrativos de um gosto delicado, há dois deles, sobretudo, dos quais ela não pode se abster: os bofetões rudemente aplicados e as frases vazias e sonoras de uma proclamação real. Eu confesso ter orgulho de pertencer a uma nação que compreende em tão alto grau os pequenos prazeres desta vida. Quanto ao seu desejo de ter sobre o trono um rei divertido, esse desejo parece-me, em si mesmo, ainda mais digno de louvor. O que nós queremos se reduz a isso. Os soberanos são como guizos dourados dados ao povo, para que este se alegre e se divirta ao vê-los brilhar ao sol; mas, quase sempre, esses guizos cortam e ferem, assim como facas de aço, lâminas brilhantes com as quais as mães assustam seus fedelhos em vão. Porém, nós desejamos que nosso guizo seja inofensivo, que nos alegre e nos divirta, de acordo com a nossa vontade, sem que corramos o risco de ferir-nos, ao girá-lo entre nossos dedos. Nós queremos grandes socos e golpes, pois as lutas fazem com que nossos guerreiros riam, divertindo-os honestamente e deixando-os com o coração na boca; nós desejamos longos discursos, para que ocupemos as bravas pessoas do reino em aplaudi-los e comentá-los; nós desejamos belas frases, que deixem felizes os oradores da época. O senhor já completou uma parte dos requisitos, senhor Gigante, satisfazendo mesmo os mais exigentes. Eu falo com sinceridade; punho algum jamais nos fez rir de tão bom grado. Agora, para que nossa resolução seja satisfeita, é necessário que o senhor submeta-se a uma segunda provação. Escolha o assunto que lhe agradar: fale-nos da afeição que nos tem, des seus deveres frente a nós, dos grandes feitos que deverão marcar seu reino. Instrua-nos, alegre-nos. Nós o escutamos.

O príncipe dos oradores, tendo assim falado, fez uma nova reverência. Sidoine – que escutou a exortação com um ar inquieto e seguiu as diversas exigências com ansiedade – foi atingido por um verdadeiro pavor à peroração. Pronunciar um longo discurso em público parecia-lhe uma ideia absurda, pois fugia muito de seus hábitos cotidianos. Ele olhava dissimuladamente o douto velhaco, temendo alguma maldosa zombaria e perguntando-se se um bom soco, aplicado a propósito sobre esse crânio amarelado, não o salvaria da embaraçosa situação. Mas a brava criança não tinha maldade alguma; o velho senhor acabara de falar-lhe de forma tão polida que lhe parecia rude responder tão bruscamente. Tendo jurado a si mesmo não abrir a boca por nada – pois ele sentia toda a delicadeza de sua situação –, Sidoine saltava sobre seus próprios pés alternadamente, ficava parado sem saber o que fazer, ria com seu riso mais simplório. Como ele parecia cada vez mais idiota, teve uma ideia que considerou genial: saudou profundamente o velho senhor.

Depois de transcorridos cinco minutos, a armada impacientou-se. Eu creio ter lhes contado que estes eventos passavam-se no Egito, sob o sol do meio-dia.

Como vocês bem sabem, ninguém fica mais mal-humorado do que esperando embaixo de sol forte. Os Azuis testemunharam, por um crescente murmúrio, que o senhor Gigante deveria se apressar; caso contrário, eles o deixariam lá plantado, para procurarem alhures uma majestade mais eloquente.

Sidoine, então, espantado em não ter contentado o bravo povo com sua reverência, fez mais três ou quatro delas, curvando-se em direção a todos os lados, a fim de que cada um tivesse seu quinhão.

Logo, foi uma tempestade de risos e palavrões, uma dessas belas exaltações populares nas quais cada homem lança um sofisma, uns assobiando como melros, outros batendo palmas em sinal de escárnio. A barulheira do tumulto crescia em largas ondas, decrescendo em seguida para aumentar novamente, semelhante ao clamor das ondas do oceano; esse era, na vivaz imaginação do povo, um excelente ensino do exercício da realeza.

Subitamente, durante um curto momento de silêncio, uma doce e aguda voz fez-se ouvir, vinda das alturas; era uma voz meiga, de moça, com timbre de prata e afetuosas inflexões.

"Meus bem amados súditos", dizia ela...

Aplausos formidáveis interromperam-na nessas

primeiras palavras. Que gracioso soberano! Seus punhos são capazes de amassar montanhas, e sua voz de enciumar a brisa de maio!

O príncipe dos oradores, estupefato com esse fenômeno, voltou-se em direção a seus sábios colegas:

– Senhores – disse ele – aí está um gigante que tem, dentre os de sua espécie, uma voz singular. Eu não poderia crer, se não escutasse, que uma garganta capaz de engolir um boi inteiro com seus chifres pudesse tecer sons de tão notável agudez. Nesse caso há, certamente, uma curiosidade anatômica que devemos estudar e explicar a qualquer custo. Nós trataremos deste importante assunto em nossa próxima reunião, e faremos dele uma bela e boa lei científica, que será instituída por nossos estabelecimentos universitários.

– Hei, meu amigo! – sussurrou docemente Médéric na orelha de Sidoine. – Abre largamente tuas mandíbulas, como se estivesses triturando nozes, e faze-os entrarem em nosso jogo. É bom que tu as mexas com vigor, pois aqueles que não conseguirem ouvir-te verão que ao menos tu estás falando. Tampouco te esqueças dos gestos: arredonda os braços graciosamente durante os períodos cadenciados; enruga a testa e joga as mãos para frente nos estalos de eloqüência; trata mesmo de chorar, nas passagens patéticas. Sobretudo, não faças besteiras. Segue bem o movimento; não vás paralisar em meio a uma bela frase, nem prosseguir quando eu me calar. Coloca os pontos e as vírgulas, meu amigo. Não é difícil, a maior parte de nossos homens de estado não tem outro trabalho além desse. Atenção! Vou começar.

Sidoine abriu desmesuradamente a boca e pôs-se a gesticular, com aspecto de condenado.

Médéric exprimiu-se nos seguintes termos:

"Meus bem amados súditos:

Como é de costume, deixai-me expressar meu espanto e julgar-me indigno da honra que vós me dais. Entretanto, eu não acredito em nenhuma das traidoras palavras que acabo de vos dizer; eu acredito merecer, como todo mundo, ser um pouco rei por minha vez, e realmente não sei por que não nasci filho de um príncipe, o que teria me evitado o incômodo de fundar uma dinastia.

Antes de tudo devo, para assegurar minha tranquilidade futura, fazer-vos observar as circunstâncias presentes. Vós acreditais que eu seja uma boa máquina de guerra; é mesmo em função deste título, unicamente, que me ofereceis a coroa. Quanto a mim, eu aceito. Se não me engano, chamamos isso de sufrágio universal. A invenção parece-me excelente, e os povos ainda melhor estarão quando nós a tivermos aperfeiçoado. Quereis então, quando chegada a ocasião, incriminar a vós mesmos, se eu não cumprir todas as belas coisas que prometer; pois eu posso esquecer-me de alguma, sem qualquer intenção maldosa, e não seria justo punir-me por uma falta de memória, quando vós mesmos sofrestes de falta de discernimento.

Eu tenho pressa em chegar aos planos que tracei para mim mesmo há muito tempo, para o dia no qual eu tivesse o lazer de ser rei. Eles são de uma encantadora simplicidade, e recomendo-os aos meus colegas soberanos que se encontrarem incomodados com seus povos. Aqui estão, em sua pureza e ingenuidade: a guerra do lado de fora, a paz do lado de dentro.

A guerra do lado de fora é uma excelente política. Ela livra o país de pessoas briguentas, permitindo-lhes que se deixem estropiar fora de nossas fronteiras. Eu falo daqueles que são sovinas e que, por temperamento, sentem de tempos em tempos a necessidade de fazerem pequenas revoluções se não tiverem algum povo vizinho para espancar. Em cada nação, há uma certa soma de golpes a aplicar; a prudência sugere que esses golpes sejam distribuídos a cinco ou seis léguas de distância das capitais. Deixai-me contar-vos todo o meu raciocínio. A formação de uma armada é uma simples medida preventiva, tomada para separar os homens razoáveis dos arruaceiros; uma campanha tem por finalidade fazer com que o maior número possível de arruaceiros desapareça, além de permitir ao soberano que viva em paz, tendo por súditos somente homens sensatos. Fala-se, bem o sei, de glória, de conquistas e de outras frivolidades: estas são palavras grandiosas das quais os imbecis se valem.

Se os reis lançam suas tropas ao combate pela menor querela, é porque eles são escutados e sentem-se bem em relação ao sangue derramado. Eu espero imitá-los, logo, empobrecendo o sangue de meu povo, que pode, um belo dia, ter febre alta. Há somente uma questão que me incomoda: quanto mais se guerreia, mais os motivos para a guerra tornam-se difíceis de inventar. Em breve, seremos impingidos a viver como irmãos, por falta de uma boa razão para nos trucidarmos honestamente. Devemos apelar para toda a nossa imaginação. Em pelejar para reparar uma ofensa, não se pode nem pensar: nós não temos nada a reparar, ninguém nos ofende, nossos vizinhos são pessoas polidas e gentis. Apossarmo-nos de territórios limítrofes, sob pretexto de arredondar nossas terras, é uma velha ideia que jamais funcionou na prática, da qual nossos inimigos sempre tiraram vantagem. Se nos irritássemos a propósito de algumas bolas de algodão ou quilogramas de açúcar, tomar-nos-iam por mercadores grosseiros, por ladrões que não querem ser roubados; ao passo que devemos, acima de tudo, ser uma nação apresentável, tendo horror às intrigas do comércio, vivendo de palavras adequadas e bondosas. Nenhum meio convencional de batalha poderia, assim, convir-nos. Finalmente, após longas reflexões, veio-me uma inspiração sublime. Nós pelejaremos sempre pelos outros e jamais por nós mesmos, o que nos evitará o incômodo de dar qualquer explicação sobre a causa de nossos socos. Observai o quanto esse método será cômodo, e que honra obteremos em semelhantes expedições. Nós receberemos o título de bem-feitores do povo, que exaltará em alto e bom tom nosso desinteresse; colocaremo-nos modestamente em defesa de boas causas, como devotados servidores de grandes ideias. E isso não é tudo. Como aqueles a quem nós não serviremos poderão espantar-se com essa singular política, nós responderemos orgulhosamente que nossa indisposição em emprestar nossos exércitos a eles provém de um generoso desejo de pacificar o mundo; de pacificá-lo verdadeiramente, a golpes de espadas. Nossos soldados, nos dirão, creem-se civilizadores, cortando o pescoço daqueles que não se civilizam rápido o suficiente, semeando as mais fecundas ideias nas fossas cavadas nos campo de batalha. Eles batizarão a terra com um batismo de sangue, para assim apressar a era próxima da liberdade. Mas nós não acrescentaremos que eles terão, dessa forma, uma tarefa eterna, esperando em vão uma ceifa que não saberá levantar-se sobre túmulos.

Aí está, meus caros súditos, o que eu imaginei. A ideia tem toda a grandiosidade e disparate necessários para funcionar. Nesse caso, aqueles dentre vós que sentirem necessidade de proclamar uma ou duas repúblicas serão convidados a fazê-lo fora de meus domínios. Eu lhes disponho, caridosamente, os impérios de outras monarquias. Que eles usufruam livremente das províncias, mudem as formas de governo, consultem a bel-prazer o povo; que eles se façam matar em terras vizinhas, em nome da liberdade, deixando-me governar meu reino despoticamente, ao meu gosto.

Meu reino será um reino guerreiro.

Obter a paz interna é um problema muito mais difícil de solucionar. Mesmo quando nos livramos das pessoas más, resta sempre nas massas um espírito de revolta contra o líder de sua escolha. Muitas vezes refleti sobre esse cego ódio que as nações costumam nutrir por seus soberanos; mas confesso jamais ter podido encontrar a causa lógica e razoável. Nós colocaremos a questão em debate em nossas academias, para que nossos sábios apressem-se em dizer-nos de onde vem esse mal e qual deve ser o seu remédio. Mas, enquanto esperamos a ajuda da ciência, nós empregaremos, para curar o povo de sua inquietude doentia, os fracos meios cujas receitas legaram-nos nossos predecessores. Certamente, eles não são infalíveis; se deles fazemos uso, é porque ainda não inventamos boas cordas, longas e fortes o suficiente para amarrar uma nação. O progresso caminha tão lentamente! Por isso escolheremos nossos ministros com cuidado. Não exigiremos deles grandes qualidades morais ou mesmo intelectuais; será suficiente se medíocres forem em todas as coisas. Mas o que exigiremos, em absoluto, é que eles tenham a voz forte e sejam continuamente incitados a gritar: "Viva o rei!" no tom mais alto e nobre possível. Um belo "Viva o rei!" clamado nas regras, inflado com arte, desaparecendo em um murmúrio de amor e admiração, é um mérito raro que não saberíamos nem mesmo como recompensar. Para ser honesto, contamos muito pouco com nossos ministros; frequentemente, eles mais atrapalham do que ajudam. Se nossa opinião prevalecesse, nós mandaríamos esses senhores embora e vos serviríamos de rei e de ministro ao mesmo tempo. Nós depositamos as maiores esperanças sobre certas leis que nos propomos a colocar em vigor; elas agarrarão os homens pelo colarinho, lançando-os em um rio qualquer sem maiores explicações, com base no excelente método dos mudos que viviam nos serralhos. Podeis ver o quanto será cômoda a prática de uma justiça tão expeditiva; há tantos inconvenientes em ater-se às formas, ao acreditar-se ingenuamente que um crime é necessário para que alguém seja culpado!

Teremos também a nosso serviço bons jornais, generosamente pagos, que tecerão louvores a nós e aos nossos malfeitos, tomando-nos como mais virtuosos do que todos os santos do paraíso. Além destes, teremos outros jornais aos quais pagaremos mais ainda, para que ataquem nossas ações e discutam nossas políticas, mas de forma tão medíocre e despropositada que trarão a nós as pessoas de espírito e sensatas. Quanto aos jornais aos quais não pagaremos nada, estes não poderão censurar-nos nem aprovar-nos; de qualquer forma, nós os suprimiremos o máximo possível. Nós devemos, também, proteger as artes, pois não há grande reino sem grandes artistas. Para fazermos com que nasça o máximo possível de artistas, nós aboliremos a liberdade de pensamento. Talvez seja bom, também, dar uma pequena renda aos escravos aposentados, eu digo àqueles que souberam fazer fortuna e que são conhecidos por comercializarem prosas e versos. Quanto às pessoas jovens, aquelas que nada têm além do talento, elas terão leitos reservados em nossos hospitais. Aos cinquenta ou sessenta anos, se não estiverem mortas, elas participarão das bem feitorias com as quais nós entupiremos o mundo das letras. Mas os verdadeiros pilares, as glórias de nosso reino, serão os operários e pedreiros. Nós despovoaremos o campo, chamaremos os homens de boa vontade e os faremos pegar as espátulas. Este será um sublime, um tocante espetáculo! Ruas largas, ruas retas penetrando as cidades de um extremo ao outro! Belos muros brancos e amarelos levantando-se como que por encantamento! Esplêndidos edifícios decorando imensos espaços repletos de árvores e postes! Construir ainda não é nada, mas o principal é demolir! Nós demoliremos mais do que construiremos. A cidade será roçada, nivelada, lavada, pincelada. Nós transformaremos uma cidade de gesso velho em uma cidade de gesso novo. Semelhantes milagres, bem o sei, custarão muito dinheiro; como não serei eu quem pagará, a despesa pouco me inquieta. Tendo, antes de tudo, que deixar marcos gloriosos em meu reinado, creio que nada é mais adequado para impressionar as gerações futuras do que um desenfreado consumo de cal e tijolos. Além disso, reparei no seguinte fato: quanto mais um rei constrói, mais seu povo se mostra satisfeito; ele parece não saber quem são os imbecis que pagam por essas construções, crendo ingenuamente que seu amável soberano arruína-se para dar-lhe a alegria de contemplar uma floresta de passarelas. Tudo será feito da melhor forma possível. Nós venderemos esses embelezamentos aos contribuintes por um preço muito alto, e distribuiremos generosos soldos aos operários, a fim de que eles fiquem tranquilos sobre suas escadas. Assim, o pão ao povo e a admiração à posteridade. Não é realmente engenhoso? Se algum descontente se atrevesse a gritar, seria certamente por um coração ruim e por pura inveja.

Meu reino será um reino de operários.

Como vós vedes, meus bem amados súditos, eu me disponho a ser um rei muito divertido. Eu vos disporei belas guerras nos quatro cantos do mundo, as quais vos trarão belos golpes e grandes honras. Eu vos alegrarei, no reino, com grandes amontoados de escombros e uma permanente poeira de gesso. Eu não vos prepararei mais discursos, pois os farei os mais vazios possíveis, aguçando assim os espíritos curiosos que terão a boa vontade de procurar neles o que não haverá. Basta por hoje; estou morto de sede. Mas, encerrando, eu vos faço a promessa de tratar em breve dos graves problemas do orçamento; é um tema que deve ser estudado com muita antecedência, para que se torne confuso o suficiente e obscuro como convém. Talvez vós tenhais também o desejo de ouvir-me discursar sobre religião. Como não devo enganar-vos em vossas expectativas, tenho que declarar, desde já, que não pretendo explicar-me em relação a esse assunto. Poupai-me de perguntas indiscretas e não me pressioneis a ter uma opinião formada sobre esse tema, que me é particularmente desagradável. Assim sendo, meus súditos, que Deus vos tenha em sua glória."

Tal foi o discurso de Médéric. Imaginem que aqui eu lhes dei um resumo sucinto, pois ele durou seis horas contadas no relógio, e os limites desta história não me permitem transcrevê-lo integralmente. Pois não era dever do orador alongar as frases, cadenciar os períodos e entrelaçar as ideias em um emaranhado de palavras, de modo que seu sentido escapasse ao povo que o escutava? Em todo caso, meu resumo está de acordo com o mais verdadeiro espírito de sua fala. Se a armada escutou o que quis escutar, isso foi graças às precauções oratórias e ao comprimento do discurso.

Não é sempre assim em semelhantes circunstâncias? Enquanto seu irmão falava, Sidoine trabalhava rudemente os movimentos dos braços e dos maxilares. Ele teve seus gestos muito aplaudidos, tanto pela naturalidade, que não era nem um pouco trivial, quanto pela nobre amplidão dos gestos e pelo empolgante lirismo. Para dizer a verdade, Sidoine teve até mesmo momentos de estranhas contorções, sobressaltos que não eram exatamente de bom gosto; mas essa arriscada mímica foi tomada como resultado de grande inspiração. O que diminuiu sua aprovação, por outro lado, foi a maneira notável com que ele abria a boca. Ele abaixava o queixo, depois levantava novamente, por meio de pequenos empurrões regulares; Sidoine dava assim aos seus lábios todas as formas geométricas imagináveis, desde uma linha reta até uma circunferência, passando pelo triângulo e pelo quadrado; além disso, ao final de cada trecho, ele mostrava a língua, ousadia poética que teve um sucesso prodigioso.

Quando Médéric se calou, Sidoine compreendeu que deveria terminar com um golpe de mestre. Ele escolheu o momento mais favorável; então, escondendo as mãos, imóvel, gritou com voz terrível:

– Viva Sidoine I, rei dos Azuis!

O senhor gigante sabia colocar as palavras de

acordo com a ocasião: ao ouvirem o estalo de sua voz, cada batalhão pensou ter escutado o batalhão vizinho bradando com entusiasmo. Como nada é mais contagioso do que uma burrice, toda a armada pôs-se a cantar em coro:

– Viva Sidoine I, rei dos Azuis!

Durante os dez minutos seguintes, foi uma barulheira assustadora. Durante esse tempo, Sidoine, cada vez mais civilizado, fazia reverências a todos.

Os soldados falaram em carregá-lo em triunfo, mas o príncipe dos oradores, tendo rapidamente calculado seu peso, demonstrou-lhes as dificuldades da empreitada e encarregou-se de dar o assunto por encerrado. Ele fez uma homenagem ao seu rei, em nome do povo, conferindo-lhe todos os títulos e privilégios de sua nova posição; em seguida, convidou Sidoine a marchar em frente à tropa para entrar em seu reino, distante uma dezena de léguas.

Então, Médéric virou-se de costas e começou a ter um ataque de risos. Seu próprio discurso o tinha animado de forma singular; ele foi bem diferente de quando Sidoine aclamou a si mesmo!

– Bravo, Majestade! – disse-lhe Médéric em voz baixa. – Eu estou muito satisfeito contigo, e não estou mais desesperado em relação à tua educação. Deixemos as coisas assim. Provemos o posto de rei, prontos a abandoná-lo em oito dias se ele nos aborrecer. De minha parte, eu não estou zangado por experimentá-lo antes de desposar a amável Primavera. É isso; continua a não fazer idiotices, caminha como uma realeza, contenta-se com gestos e deixa-me cuidar das falas. É inútil revelar a esse bom povo que nós somos dois, o que poderia autorizá-lo a pensar que está em estado de república. Agora, meu amigo, entremos rápido em nossa capital.

Os anais dos Azuis assim relatam a ascensão ao trono do grande rei Sidoine I. Nós podemos ler neles todos os eventos acima descritos, e observar como o historiador oficial ressaltava, em diferentes passagens, que estes fatos passaram-se no Egito, sob o sol do meio-dia, a uma temperatura de quarenta e cinco graus.

MÉDÉRIC COME
AMORAS SILVESTRES

Eu lhes pouparei da descrição da entrada triunfal de nossos heróis e das festividades públicas que ocorreram nessa ocasião.

Sidoine exerceu com nobreza seu papel de majestade. Ele recebeu de bom grado as comitivas que vieram em fila dar-lhe sermões, e até mesmo escutou, sem muito bocejar, as reclamações de diferentes corpos do estado. Para dizer a verdade, Sidoine precisava muito de repouso. Ele teria, de boa vontade, mandado essas boas pessoas deitarem-se, para que ele pudesse fazer o mesmo, se Médéric não tivesse lhe dito aos sussurros que um rei, pertencendo ao seu povo, dorme somente quando este, que é o sustentáculo do reino, permite-lhe dormir.

Por fim, os grandes dignitários conduziram-lhe ao seu palácio, um tipo de celeiro monumental que media em torno de quinze metros, diante do qual os alunos tiravam seus chapéus, da mesma forma com que as formigas cumprimentam as pedras dos caminhos. Sidoine, que se valia de uma pirâmide à guisa de escada, testemunhou, por meio de um gesto expressivo, o quão insuficiente o alojamento parecia-lhe. Médéric, então, contou-lhe com sua mais doce voz ter reparado em um vasto campo de trigo, próximo aos portões da cidade, morada mais digna de um grande soberano. As espigas seriam uma bela colcha dourada, de maravilhosa flexibilidade, e ele teria como céu de sua cama as largas cortinas celestes que os pregos dourados do bom Deus retêm aos muros do paraíso.

Como o povo estava afoito por espetáculos e mascaradas, Sidoine declarou, desejando tornar-se popular, que abandonaria o antigo palácio de relógios de urso, de equilibristas e de sortistas. Aliás, ele estabeleceria lá um teatro de marionetes, todas de tão perfeita execução que seriam tomadas por humanos. A multidão acolheu essa oferta com reconhecimento.

Quando a questão do alojamento foi encerrada, Sidoine retirou-se, apressado por meter-se na cama. Porém, ele não demorou a perceber, atrás de si, uma tropa de homens armados que seguiam-no com respeito. Como bom rei que era, Sidoine tomou-os por soldados entusiastas e não se inquietou mais com isso.

No entanto, ao estender-se voluptuosamente sobre sua colcha de palha fresca, ele viu os soldados postarem-se nos quatro cantos do campo, circulando para cima e para baixo com as espadas em punho. Essa manobra atiçou sua curiosidade. Ele sentou-se enquanto Médéric, compreendendo seu desejo, chamou um desses homens, que avançou junto à orelha real.

– Hei, amigo! – disse ele. – Poderia contar-me o que os força, você e seus companheiros, a deixarem seus leitos a essa hora para virem rodar em torno do meu? Se vocês têm projetos malignos em relação aos passantes, é pouco conveniente expor o seu rei a servir de testemunha para prendê-los. Se forem suas amadas a quem vocês esperam, é certo que me interesso pelo crescimento da população de meu reino, porém não desejo de forma alguma envolver-me nesses detalhes familiares. Então, francamente, o que fazem vocês aqui?

– Senhor, nós o protegemos – respondeu o soldado.

– Vocês me protegem? Contra quem, por Deus? Os inimigos não estão nas fronteiras, que eu saiba, e realmente não é com suas espadas que vocês me protegerão dos mosquitos. Vejamos, me diga. De quem vocês me protegem?

– Eu não sei, senhor. Eu vou chamar meu superior.

Quando o capitão chegou e escutou a pergunta do rei, espantou-se:

– Por Deus, senhor! Como pode Vossa Majestade fazer-me uma pergunta tão ingênua? O Senhor ignora esses pequenos detalhes? Todos os reis se protegem de seu próprio povo. Há, aqui, cem bravos homens que não possuem outro encargo além de transpassar os curiosos com suas espadas. Nós somos os guardiões de seu corpo, Senhor. Sem nós, seus súditos, pessoas avessas aos monarcas já teriam feito terríveis estragos.

Contudo, Sidoine chorava de tanto rir. A ideia de que estes pobres diabos protegiam-no pareceu-lhe, inicialmente, encantadora; porém, quando ele compreendeu que os guardas protegiam-no de seu próprio povo, teve um acesso de riso que quase o sufocou. Médéric também se matava de rir, desencadeando uma verdadeira tempestade na orelha de seu amigo.

– Oh, seus tolos! – disse ele – peguem as suas bagagens e saiam daqui o mais rápido possível. Vocês acreditam que eu seja tão imbecil a ponto de imitar seus reis medrosos, que fecham doze portas em torno de si, colocando uma sentinela em cada uma? Eu mesmo me protejo, meus amigos, e não gosto de ser observado enquanto durmo, pois minha ama sempre me disse que eu não era bonito roncando. Se vocês precisam proteger alguém a qualquer custo, eu lhes peço que protejam o povo de seu rei, ao invés de protegerem o rei de seu povo; seria uma melhor forma de se empregar o tempo e de se ganhar mais honestamente o dinheiro. Se vocês quiserem ser-me agradáveis, tragam-me nas noites de verão as suas mulheres ou, se chover, tragam-me um exército de guarda-chuvas. Mas suas espadas, de que diabos pensam vocês que elas me servem? E, agora, tenham uma boa noite, senhores guardiões do corpo.

Sem maiores cuidados, capitão e soldados retiraram-se, encantados em terem por soberano alguém tão fácil de se servir. Então nossos amigos, satisfeitos por estarem sozinhos, puderam tagarelar à vontade sobre as surpreendentes aventuras pelas quais passaram desde a manhã. O que quero dizer, se é que vocês me entendem, é que Médéric tagarelou durante meia hora, filosofando sobre todo tipo de coisa, pedindo ao seu amigo que seguisse com atenção sua linha de raciocínio. O amigo roncava desde as primeiras palavras, dormindo profundamente. Nosso tagarela, que não entendia mais nem a si mesmo, deu continuidade às suas observações no dia seguinte. E foi assim que o rei Sidoine I dormiu sua primeira noite ao clarão das estrelas, em um deserto campo situado próximo aos portões de sua capital.

Os eventos que transcorreram no dia seguinte não merecem ser contados por inteiro, por mais prodigiosos e bizarros que tenham sido, como todos aqueles com os quais se meteram os heróis que escolhi. Nosso rei, que na verdade era duas pessoas ao mesmo tempo – eis a que se deve um mistério! – tendo aceitado a coroa por simples complacência, absteve-se de fazer a menor reforma. Ele deixou o povo agir segundo sua vontade; essa era a melhor forma de governar, pois era a mais cômoda para o soberano e a mais proveitosa para seus súditos.

Ao final de oito dias, Sidoine já havia ganhado cinco batalhas arranjadas por ele. Sidoine pensou ser melhor levar sua armada consigo às duas primeiras, mas logo percebeu que, ao invés de lhe dar ajuda e socorro, ela o atrapalhava, passando por debaixo de suas pernas, arriscando-se a receber alguma bofetada. Ele decidiu, então, liberar suas tropas, e declarou que pretendia colocar-se sozinho em campo de batalha. Esse foi o tema de uma bela proclamação sua; ela começava por um notório exórdio: "Não existe nada que dê maior importância a uma batalha do que saber por que batalhamos. Ora, já que o rei, quando declara uma guerra, conhece sozinho as causas de seu bel-prazer, a lógica ordena que ele lute sozinho." Os soldados refletiram bastante sobre esse pensamento; na verdade, eles já haviam abandonado inúmeras batalhas por falta de uma boa razão para lutar por mais tempo. Conversando nas ambulâncias com os soldados inimigos, eles frequentemente se surpreendiam com o original método dos soberanos que, com seus pulsos firmes, faziam com que milhares de homens morressem para liquidar suas querelas particulares. Somente os Azuis – se é que vocês se lembram da regra – tinham escolhido um líder com o único objetivo de alegrar-se ao vê-lo e ao observar a maneira com que este lutava e falava. A armada obteve, então, permissão para seguir seu chefe a dois quilômetros de distância. Desse modo, ela assistia ao agradável espetáculo dos combates sem correr perigo algum.

Médéric, por sua parte, discursava ainda mais quando Sidoine não estava lutando. No final de uma semana, ele já tinha enriquecido a literatura do país com treze grossos volumes; no terceiro dia, ao acordar, ele percebeu que sabia latim e grego sem ter aprendido estas línguas em colégio algum. Médéric pôde, dessa forma, responder aos príncipes dos oradores – que acreditava embaraçá-lo recitando-lhe cinco páginas de Cícero – com dez páginas de Demóstenes. Desde esse dia, que foi aquele no qual o povo deixou de entender qualquer coisa, o rei orador teve ainda mais popularidade do que o rei guerreiro.

Sobretudo, a nação Azul estava radiante. Ela possuía enfim o soberano tão sonhado; um rei ideal, que colocava todas as suas atenções nas menores diversões, sem jamais se envolver com os detalhes sérios.

Entretanto – como um povo, mesmo que satisfeito, sempre se queixa um pouco – acusava-se o bom Sidoine de certos gostos bizarros como, por exemplo, sua obstinação em dormir a céu aberto. Além disso, acredito já ter-lhes contado que Sidoine pecava por excesso de vaidade; assim que teve um orçamento em suas mãos, ele tratou de trocar rapidamente suas peles de lobo por esplêndidas vestes de seda e de veludo, reservando-se assim o direito a uma compensação pelos aborrecimentos de sua nova profissão. Censuravam-no por essa inocente distração e, mesmo que ele não fizesse outros gastos, reprovavam-no por usar muito cetim e por rasgar rendas demais. O orvalho estraga os tecidos finos, é verdade, e nada os corta como a palha. Ora, Sidoine dormia completamente vestido.

Para encerrar, contavam-se apenas cinco ou seis mil descontentes nesse império de trinta milhões de homens: cortesãos sem emprego cuja coluna encurvava-se, pessoas de nervos irritadiços às quais os longos discursos davam febre e, sobretudo, pessoas perversas que perturbavam a ordem pública. Após uma semana de reinado, Sidoine teria podido, sem temor algum, instituir uma nova eleição.

No nono dia, Médéric foi tomado por uma irresistível vontade de correr pelo campo ao acordar. Ele estava exausto de viver fechado em seu abrigo – ou seja, na orelha de Sidoine – e entediava-se com seu papel de mero espírito. Ele desceu calmamente. Como seu amigo ainda dormia, ele não o advertiu sobre a caminhada, prometendo a si mesmo que não tomaria ar fresco por mais de alguns minutos.

Não há nada mais encantador do que uma fresca manhã de abril. O céu fundia-se em sua palidez, profundo; por detrás das montanhas, levantava-se um sol claro, sem calor, de luz esbranquiçada. As folhagens, nascidas na véspera, reluziam em tufos verdes sobre o campo; as rochas e a terra desfaziam-se em grandes massas amarelas e vermelhas. Dir-se-ia, ao observar-se como tudo parecia limpo, que a natureza se renovava.

Médéric, antes de ir mais longe, parou em uma pequena colina, na qual – tendo já apreciado bastante o vasto campo – pretendia aproveitar a vista das belas sendas, sem mais preocupar-se com o horizonte. Ele tomou o primeiro caminho que encontrou; depois, quando chegou ao final dele, pegou outro. Médéric perdeu-se em meio às roseiras selvagens, correu sobre as ervas e deitou-se sobre o musgo, fatigando os ecos com sua voz, pois procurava fazer muito barulho, já que se encontrava em meio a um grande silêncio. Ele admirava os campos a seu modo, detalhadamente, espiando o céu por pequenos espaços através das folhas, fazendo para si mesmo um universo de arvoredos ocos, descobrindo novos mundos a cada sebe. Médéric embriagava-se com esse ar puro e um pouco frio que ele encontrava nas alamedas, e acabou por parar, arquejante, encantado pelos brancos raios de sol e pelas belas cores do campo.

Ele parou ao pé de uma grande sebe feita de amoras silvestres, dessas amoreiras de folhas duras e longos galhos espinhosos que produzem, certamente, as melhores frutas que possa comer um homem de gosto elaborado. Quero falar-lhes desses belos cachos de amoras selvagens, perfumadas pela vizinhança de lavanda e de rosmarinho. Vocês se recordam do quão apetitosas elas são, negras com suas folhas verdes, e que fresco sabor possuem, açucarado e acre ao mesmo tempo, para os paladares dignos de apreciá-las?

Médéric, assim como todas as pessoas de alma livre e de vida errante, era um grande comedor de amoras. Ele vangloriava-se disso, tendo encontrado sempre, nas refeições em torno das sebes, homens simples de espírito, sonhadores e amantes; o que o levou a concluir que os tolos não saberiam apreciar os saborosos cachos, que eram um festim dado pelos anjos do paraíso às boas almas deste mundo. Os tolos são muito desajeitados para tal regalo; eles sentem-se à vontade somente diante de uma mesa, a cortar gordas peras que se fundem em uma água clara. Bela tarefa, realmente, a qual não exige mais do que uma faca, enquanto para comer amoras são necessárias diversas qualidades raras: a precisão do olhar que descobre as bagas mais escondidas, aquelas que os raios de sol e o orvalho amadureceram; a ciência dos espinhos, essa ciência maravilhosa de folhar os arbustos sem se picar; o espírito de saber perder tempo, de empregar uma manhã inteira a comer amoras, percorrendo duas ou três léguas em uma senda com o comprimento de cinquenta passos. Eu me abstenho dessa e de outras qualidades ainda mais merecedoras de admiração.

Certas pessoas jamais teriam a ousadia de viver essa vida de poetas: nutrir-se de ar puro, filosofar e dormir entre esses dois bocados. Somente os preguiçosos, filhos amados do céu, sabem a delicadeza dessa bela ocupação.

Eis porque Médéric gabava-se por amar as amoras.

As amoreiras diante das quais ele tinha parado estavam carregadas de longos e numerosos cachos. Ele ficou maravilhado.

– Minha nossa – disse ele – que belas frutas, que belo prodígio! Amoras em abril, e amoras de tal grossura; aí está algo que me parece tão surpreendente quanto uma cuba de água transformada em vinho. As pessoas têm razão ao dizerem que nada fortalece tanto a fé quanto a visão de fatos sobrenaturais; de agora em diante, acreditarei nas histórias de ama com as quais fui embalado. É assim que eu entendo os milagres: quando eles preenchem meu copo ou meu prato. Comamos, já que agrada a Deus mudar o curso das estações para servir-me de acordo com meu gosto.

Dizendo isso, Médéric alongou delicadamente os dedos e apanhou uma suculenta amora que teria bastado para a alimentação de dois pardais. Ele saboreou-a com lentidão, depois estalou a língua, balançando a cabeça com ar de satisfação, como um degustador emérito que degusta um velho vinho. Então, com a colheita já conhecida, a refeição começou. O guloso ia de arvoredo em arvoredo, apreciando o sol nos intervalos, estabelecendo diferenças de gostos, sem poder deter-se em um único. Ao mesmo tempo em que caminhava, Médéric discorria em voz alta, pois tinha tomado o hábito do monólogo em companhia do silencioso Sidoine; quando ele se encontrava sozinho, continuava a dirigir-se ao seu amigo, considerando que sua presença pouco importava à conversa.

– Meu amigo – dizia ele –, eu não conheço tarefa mais filosófica do que esta de comer amoras pelas trilhas. Nisso está todo um aprendizado de vida. Vê que destreza é necessária empregar para alcançar os altos ramos que, repara bem, carregam sempre os mais belos frutos. Eu os inclino empurrando com pequenos golpes os caules mais baixos; um tolo os quebraria, mas eu deixo que se refaçam, prevendo a próxima estação. Há ainda os espinhos, nos quais os desastrados se ferem; eu, pelo contrário, utilizo-os, já que me servem como ganchos nessa delicada operação. Jamais queiras julgar um homem ou conhecê-lo tão bem quanto Deus, que o fez; mas coloca-o diante de uma amoreira carregada, de barriga vazia, em uma clara manhã. Ah! O pobre homem! Para avivar os sete pecados capitais em uma consciência, basta uma única amora no alto de um ramo.

Médéric, contente em estar vivo, comia, discursava e piscava os olhos para melhor alcançar seu pequeno horizonte. Além disso, ele tinha se esquecido completamente de Vossa Majestade Sidoine I, da nação Azul e de toda a comédia real. O rei em duas pessoas havia deixado seu corpo com o povo; entretanto, seu espírito percorria o campo, perdido entre as sebes, tomando um tempo para si. É assim que, durante a noite, a alma, voando nas asas de um sonho, vai à procura de suas folias, em algum canto desconhecido, despreocupada com a prisão da qual ela escapa. Essa comparação não é muito engenhosa? Mesmo que eu tenha negado tentar esconder qualquer sentido filosófico sob o transparente véu desta ficção, ela não diz claramente o que se deve pensar sobre meu gigante e meu anão?

Entretanto, enquanto Médéric olhava com doçura para uma amora, ele foi chamado de volta às tristes realidades dessa vida, da forma mais brutal. Um buldogue, que não era dos mais magros, precipitou-se abruptamente sobre a senda, latindo com força, os dentes brancos, as pálpebras sanguinolentas. Vocês já repararam em que bom caráter hospitaleiro têm os cães do campo? Esses fiéis animais, quando recebem do homem os benefícios da educação, possuem um sentimento de propriedade extremado. Para um cão, pisar a terra alheia é como roubo. O nosso – que teria devorado Médéric pelo menor punhado de lama que ele levasse em suas solas – ficou furioso ao vê-lo comer as amoras crescidas livremente ao bom grado do sol e da chuva. Ele se precipitou em direção à Médéric com a goela aberta.

Médéric não esperava por esses passos. Ele tinha muito ódio – e com razão – dessas grandes feras de aspecto brutal, que são, em relação aos animais, o que os vigilantes são em relação ao homem. Ele se pôs em fuga a toda velocidade, tremendamente assustado, inquieto em relação ao que sucederia esse encontro indesejado. Isso não quer dizer que ele raciocinasse muito em tais circunstâncias; em todo caso, como Médéric tinha, em função do uso, o grande hábito de valer-se da lógica, mesmo quando perdia a cabeça, ele estabeleceu o seguinte princípio: esse cão tem quatro patas, e eu tenho duas fracas e pouco exercitadas – e deduziu em sequência – ele deve correr mais rápido e durante mais tempo que eu – e foi conduzido naturalmente a pensar – eu serei devorado – chegando enfim a concluir, vitoriosamente: não é mais do que uma questão de tempo. A conclusão deixou-o com as pernas bambas. Médéric voltou-se para trás e viu o buldogue a uma dezena de passos; ele correu mais rápido, e o buldogue também; ele saltou sobre um fosso, e o buldogue também. Sufocando, de braços abertos, ele corria sem vontade. Ele já sentia presas agudas afundarem-se em seu corpo e, com os olhos fechados, via luzirem, na sombra, duas pálpebras sanguinolentas. Os latidos do cão cercavam-no por todos os lados, e cerravam sua garganta como fazem as ondas com o homem que se afoga.

Em dois pulos, Médéric estava frito. E aqui, permitam-me queixar-me do pouco socorro prestado por nosso espírito ao nosso corpo, quando este encontra-se em apuros. Eu lhes pergunto: por onde perambulava o espírito de Médéric, ao passo que seu corpo somente tinha a seu serviço duas miseráveis pernas? A fera avança, salve-se quem puder! Qualquer um faria o mesmo. Porém, se o espírito de Médéric não tivesse partido em fuga implacável, o engenhoso menino, sem precisar perder o fôlego ou correr o risco de pegar uma infecção pulmonar, teria desde o começo subido tranquilamente em uma árvore, como ele mesmo fez, após alguns bons minutos correndo loucamente. É isso o que chamamos de uma ideia de gênio; a inspiração caiu-lhe do céu.

O buldogue, em sua fúria destrutiva, chocou-se violentamente contra a árvore, e depois pôs-se a girar em torno do tronco, latindo ferozmente. Médéric retomou o ânimo e recuperou a fala.

– Aí está, aí está, meu pobre amigo! Estou sendo brutalmente punido por ter querido tomar um ar sem levar os teus punhos comigo. Eis o que me prova mais uma vez o quanto nós somos indispensáveis um ao outro; nossa amizade é obra da providência. O que tu fazes longe de mim, eu que tenho somente teus braços para servirem em meu encargo? O que eu mesmo faço aqui, alojado sobre um galho, sem ter a menor bofetada para dar no focinho desse malvado animal? Aí está! Aí está! Estamos feitos!

O buldogue, exausto de tanto latir, sentou-se com postura grave, o pescoço alongado e a boca retorcida. Ele observava Médéric, sem se mexer um instante sequer. Este, vendo a atenção que a fera prestava-lhe, acreditou que ela o convidava a falar. Ele resolveu aproveitar tal auditor, desejando ser escutado pelo menos uma vez em sua vida. Além disso, Médéric não tinha nada além de frases à sua disposição para sair da embaraçosa situação.

– Meu amigo – disse ele com voz melosa –, eu não quero retê-lo aqui por mais tempo. Vá cuidar de suas coisas; eu encontrarei meu caminho tranquilamente. Devo confessar-lhe mesmo que há, a algumas léguas daqui, um bom povo cuja minha ausência deverá mergulhar na mais viva inquietude. Eu sou rei, se é preciso dizer. Você por certo o sabe: os reis são joias preciosas, cuja perda as nações não apreciam nem um pouco. Retire-se então. Não seria nada conveniente se a história fosse forçada a descrever o dia em que a estúpida fixação de um cão bastou para transtornar um grande império. Você gostaria de um lugar em minha corte? Gostaria de ser o guardião das carnes do palácio? Diga-me, qual encargo posso eu oferecer-lhe, para que Vossa Excelência digne-se a afastar-se?

O buldogue não se mexia. Porém, Médéric pensou tê-lo ganho através da isca de um título oficial; ele fingiu descer. Sem dúvida alguma o buldogue não era nem um pouco ambicioso, pois ele se pôs a uivar novamente, erguendo-se sobre a árvore.

– O diabo que o carregue! – murmurou Médéric.

No final do eloquente discurso, Médéric remexeu seus bolsos, medida que geralmente funciona para as pessoas em apuros. Mas daí a jogar uma bolsa de dinheiro a um cachorro, se não fosse para fazer um galo em sua testa... Médéric não era, além disso, o tipo de pessoa que carrega uma bolsa amarrada às calças; ele considerava o dinheiro perfeitamente inútil, tendo vivido sempre de trocas. Porém, ele achou algo melhor do que um soldo; o que quero dizer é que ele achou um pedaço de açúcar. O achado nada tem de surpreendente, sendo o meu herói de natureza muito gulosa; devo fazer-lhes observar como os detalhes dessa história aparecem naturalmente e dão a ela um caráter bastante verídico.

Médéric, segurando o pedaço de açúcar entre os dedos, mostrou-o ao cão, que abriu a goela sem hesitar; então, sua vigia diminuiu docemente. Quando Médéric aproximou-se do chão, deixou cair a presa; o cão agarrou-a no ar, em um único salto, sem nem mesmo se lamber, precipitando-se novamente sobre nosso herói.

– Ah! Bandido! – gritou este, subindo rapidamente, de novo, ao seu galho. Você come meu açúcar e ainda quer me morder! Bem, sua educação foi bastante cuidadosa, pelo que vejo. Você é fiel aluno do egoísmo de seu mestre: rastejando diante dele, mas sempre faminto pela carne dos passantes.

ONDE SIDOINE TORNA-SE UM FALASTRÃO

Médéric iria continuar nesse tom, quando escutou atrás de si crescer um barulho surdo, semelhante à lenta queda de águas de uma catarata. Não havia um sopro de ar agitando as folhas; o rio vizinho corria com um murmúrio discreto demais para permitir-se tais queixumes. Surpreso, Médéric afastou os galhos, averiguando o horizonte a sua frente. Em um primeiro momento, ele nada viu; o campo, desse lado, estendia-se cinzento e deserto, planície que se elevava de costa a costa, até as montanhas que a demarcavam. Contudo, como o barulho continuava a crescer, Médéric olhou melhor. Então ele percebeu, surgindo de um vinco no solo, uma rocha de estrutura bastante singular. Essa rocha – pois era difícil tomá-la por outra coisa que não uma rocha – tinha a exata forma e cor de um nariz; um nariz colossal, com o qual se poderia, facilmente, entalhar centenas de narizes comuns. Procurando desesperadamente virar-se em direção ao céu, esse nariz tinha todo o aspecto de estar sendo incomodado em seu repouso por alguma grande dor. Era certo que o barulho vinha dele.

Médéric, quando examinou a rocha com atenção, hesitou um instante, sem ousar acreditar em seus olhos. Finalmente, encontrando-se em território conhecido, ele não teve mais dúvidas:

– Hei! Meu amigo! – gritou ele maravilhado. – Por que diabos o teu nariz passeia sozinho por esse campo? Eu morreria de susto, se não fosse ele que estivesse lá, paralisado como um veado a quem degolam!

Ao ouvir essas palavras, o nariz – por mais inacreditável que pareça, a rocha não era outra coisa senão um nariz – agitou-se de uma maneira deplorável. Houve algo que se assemelhava a um desmoronamento. Um comprido bloco acinzentado, que se parecia imensamente com um enorme obelisco estendido sob a luz do sol, mexeu-se e curvou-se sobre si mesmo, levantando-se de um lado e desdobrando-se do outro. Uma cabeça surgiu e um busto tomou forma, emoldurado por duas pernas, as quais, de tão desmesuradas, jamais seriam chamadas de pernas em nenhuma outra língua, tanto antiga quanto moderna.

Sidoine, quando recuperou todos os seus mem-

100

bros, sentou-se bruscamente com as mãos no rosto e as pernas dobradas e afastadas. Ele soluçava de um jeito de cortar a alma.

– Oh! – disse Médéric. – Eu bem sabia que não há ninguém no mundo que tenha um nariz de tal porte além de meu amigo. Aí está um nariz que eu conheço como o campanário de meu vilarejo. Hei! Meu pobre irmão, então nós dois estamos muito tristes. Eu te juro, não queria me ausentar por mais de dez minutos; se tu me encontras depois de dez horas, a culpa é certamente do sol e dos arvoredos cheios de amoras. Nós os perdoaremos. É isso. Manda esse buldogue embora: nós conversaremos mais à vontade.

Sidoine, que não parava de chorar, esticou os braços e pegou o buldogue pela pele do pescoço. Ele balançou rapidamente o cachorro, que uivava e se contorcia, e depois jogou-o em direção ao céu, a uma velocidade de milhões de léguas por segundo. Médéric teve o maior prazer em admirar sua ascensão. Ele seguiu a fera com os olhos e, quando viu-a entrar na esfera de atração da lua, bateu palmas, felicitando seu companheiro por ter enfim povoado esse satélite, para grande alegria dos futuros astrônomos.

– E então, meu amigo – disse ele pulando para terra –, e o nosso povo?

Sidoine, ao ouvir a pergunta, soltou o mais agudo gemido, balançando a cabeça e encharcando todo o rosto com lágrimas.

– O que foi? – disse Médéric – Estará nosso povo morto? Terás tu o massacrado em um momento de tédio, refletindo que os povos governados podem querer abdicar da mesma forma que seus monarcas?

– Irmão, irmão – soluçava Sidoine –, nosso povo se comportou muito mal.

– Verdade?

– Ele ficou furioso por nada...

– Que bandidos!

–... e me expulsou...

– Que grosseiros!

–... de um jeito que nem mesmo um grande senhor expulsaria seu lacaio.

– Vê que aristocratas!

A cada vírgula, Sidoine acrescentava um profundo suspiro. Quando pontuou sua frase, ele já estava transbordando de emoção, e afundou-se novamente em lágrimas.

– Meu amigo – começou Médéric –, é sem dúvida triste para um líder ser expulso por seus súditos, mas eu não vejo porque se desolar tanto. Se o teu sofrimento não me provasse mais uma vez a bondade de tua alma e tua ignorância nas relações sociais, eu brigaria contigo por assim te afligires por uma aventura tão frequente. Nós estudaremos a história do mundo um dia destes; tu então verás, é um velho hábito das nações o de maltratar os soberanos cujo reinado ela não quer mais. Apesar do que dizem algumas pessoas, Deus jamais teve a singular fantasia de criar uma raça particular, com o objetivo de impor aos seus filhos líderes eleitos por ele. Não te assustes, então, se os governados quiserem tornar-se governantes por sua vez, já que todos os homens têm o direito de ter essa ambição; isso alivia-os de poder raciocinar logicamente sobre a sua desgraça. Vamos, enxuga essas lágrimas. Elas seriam boas para um efeminado, um glorioso tecedor de louvores, que esqueceu seu papel de homem exercendo por muito tempo o de rei; mas nós, monarcas de ontem, nós sabemos ainda andar sem outra escolta além de nossa própria sombra, e viver ao ar livre, tendo por reinado somente a pouca poeira sobre a qual pousamos nossos pés.

– Hei, tu falas por ti! – respondeu Sidoine em um tom dolente. – A profissão agradava-me. Eu lutava, eu vestia todos os dias minhas roupas de domingo, eu dormia em cima da palha fresca. Racionaliza, explica o quanto quiseres. Quanto a mim, eu quero chorar.

103

E ele chorou; depois, parando bruscamente no meio de um soluço:

– Vê – disse ele – como as coisas terminaram...

– Meu amigo – interrompeu Médéric –, tu estás muito tagarela; o desespero não ajudará em nada.

– Essa manhã, por volta de seis horas, eu sonhava inocentemente quando um grande barulho me despertou. Eu abri um olho. O povo rodeava minha cama, parecendo muito emocionado, esperando que eu despertasse para solicitar algum parecer. Bom! Disse a mim mesmo, vejamos o que espera por Médéric; vamos dormir mais um pouco. E então adormeci novamente. Depois de alguns minutos, senti que meus súditos me puxavam respeitosamente por uma ponta de minha blusa real. Por força tive que abrir meus dois olhos. O povo se impacientava. O que há para meu irmão Médéric? Eu pensei de mau-humor. E, pensando isso, sentei-me. Vendo que eu me sentava, as bravas pessoas que me rodeavam soltaram um murmúrio de satisfação. Tu me entendes, meu irmão, e vês como eu sei contar o que se passou?

– Perfeitamente, mas se tu continuares contando nesse ritmo, tu contarás até amanhã. O que queria o nosso povo?

– Ah! Aí está. Acho que não entendi muito bem.

Um velho aproximou-se de mim, arrastando uma vaca amarrada em uma corda. Ele colocou-a aos meus pés, com a cabeça voltada em minha direção. À direita e à esquerda do bicho, de frente para cada um dos flancos, formaram-se dois grupos que se ameaçavam. O da direita gritava: "Ela é branca!", enquanto o da esquerda gritava: "Ela é preta!". Então o velho, fazendo vários acenos com a cabeça, disse-me com um tom humilde: "Senhor, ela é preta ou é branca?"

– Mas – interrompeu Médéric – isso é alta filosofia! A vaca era preta, meu amigo?

– Não precisamente.

– Então ela era branca?

– Oh! Isso também não. Além disso, eu pouco me importava com a cor do bicho. Eras tu quem devia responder; eu só tinha que olhar. Mas tu não respondias nunca. Eu, pensando que estivesses preparando teu discurso, preparei-me disfarçadamente para dormir de novo. O velho, que tinha se curvado em dois para receber minha resposta, sentindo comichões de curiosidade, repetia: "Senhor, ela é preta ou é branca?"

– Meu amigo, tu estás dramatizando a tua narrativa de acordo com todas as regras da arte. Por menos tempo que eu tenha, eu farei de ti um autor trágico. Mas continue.

– Ah! Que preguiçoso! – disse a mim mesmo. – Ele dorme como um rei. No entanto, o povo começou a impacientar-se novamente. Era necessário acordar-te, da forma mais delicada possível, para que ele não percebesse o que acontecia. Eu cocei minha orelha esquerda; ela estava vazia. Então cocei minha orelha direita; igualmente vazia. Foi a partir desses gestos que o povo começou a se zangar.

– Por Deus, meu amigo! Ignoras os sinais da mímica a esse ponto? Coçar uma orelha demonstra embaraço, e tu, quando tem um parecer a dar, tu coças as duas?

– Irmão, eu estava muito atrapalhado. Eu me levantei, sem dar mais atenção ao povo, e revirei meus bolsos com energia, os da blusa, os da calça, todos, enfim. Nada nos bolsos da esquerda, nada nos bolsos da direita. Meu irmão Médéric não estava mais comigo. Eu esperava encontrá-lo de repente passeando em algum bolsinho afastado. Eu visitei cada plissado, eu inspecionei cada prega. Ninguém. Nada de Médéric, nem nas minhas roupas, nem nas minhas orelhas. O povo, pasmado com esse diferente exercício, suspeitava certamente que eu procurasse argumentos em meus bolsos. Ele esperou alguns minutos e depois pôs-se a vaiar, sem o menor respeito, como se eu fosse o último dos imbecis. Confessa, meu amigo, seria necessária uma cabeça muito boa para que eu me livrasse são e salvo dessa situação.

– Eu confesso que sim, meu amigo. E a vaca?

– A vaca! Era de fato a vaca que me embaraçava. Quando eu tive a triste certeza de que teria que falar em público, eu procurei ter o máximo de bom senso possível para observar a vaca sem nenhum juízo prévio. O velho tinha acabado de se levantar novamente, gritando para mim, com uma voz furiosa, essa eterna frase, retomada em coro pelo povo: "Ela é branca ou é preta?" Para minha alma e para minha consciência, meu irmão Médéric, ela era preta e branca ao mesmo tempo. Eu bem percebi que uns queriam que ela fosse preta, e outros, que ela fosse branca; era justamente isso o que me atrapalhava.

– És um simples de espírito, meu amigo. A cor dos objetos depende da posição das pessoas. Aqueles da esquerda e aqueles da direita, vendo somente um dos flancos da vaca, tinham ambos razão, enganando-se ambos ao mesmo tempo. Tu, olhando-a de frente, julgavas de outra forma. Era essa a melhor forma? Eu não ousaria dizer; pois, observa bem, alguém que olhasse sua cauda poderia ter emitido um quarto parecer tão lógico quanto os três primeiros.

– Hei, meu irmão Médéric, para que filosofar tanto? Eu não pretendo ser o único que tinha razão. Só o que digo é que a vaca era branca e preta, tudo ao mesmo tempo; e a verdade é que eu posso dizê-lo, já que lá está o que eu vi. O meu primeiro pensamento foi o de comunicar a multidão essa verdade que meus olhos revelavam-me, e eu o fiz com complacência, tendo a ingenuidade de acreditar que essa era a melhor decisão possível, pois ela deveria contentar todo mundo, sem tirar a razão de ninguém.

– Ora essa, meu pobre amigo! Tu falaste?

– Eu podia me calar? O povo estava lá, com as orelhas bem abertas, ávido por frases como a terra pela água da chuva depois de dois meses de seca. Os engraçadinhos, ao me verem com um ar estúpido e embaraçado, gritavam que minha voz de rouxinol tinha ido embora, justo na época dos ninhos. Eu revirei sete vezes a frase em minha boca; depois, fechando as pálpebras pela metade e arredondando os braços, pronunciei as seguintes palavras no tom mais agudo possível: "Meus bem amados súditos, a vaca é preta e branca, tudo ao mesmo tempo."

– Minha nossa! Meu amigo, em que escola aprendeste a fazer discursos em uma frase? Eu já dei a ti, algum dia, maus exemplos? Havia aí matéria para preencher dois volumes, e tu jogas fora os frutos de todas as tuas observações em catorze palavras! Eu juraria que eles te entenderam; o teu discurso foi lastimável.

— Eu não duvido, meu irmão. Eu tinha falado muito calmamente; porém todos, dentre homens, mulheres, crianças e velhos taparam as orelhas, olhando-se apavorados, como se tivessem escutado um trovão cair sobre suas cabeças; depois eles soltaram vários gritos: "O que é isso?" – diziam eles – "quem será esse grosseirão que dá semelhantes berros? Trocaram o nosso rei. Esse homem não é o nosso doce rei, cuja voz suave deliciava nossas orelhas. Salve-se rápido, gigante malvado, bom apenas para assustar nossas filhinhas quando elas choram. Vocês escutaram esse imbecil declarar que essa vaca é branca e preta? Ela é branca. Ela é preta. Estará ele querendo zombar de nós, afirmando que ela é preta e branca? Vamos, rápido, vá embora! Oh, que par de punhos idiota! Que feio conjunto, quando ele os balança tolamente, como se não soubesse o que fazer deles. Jogue-os para o lado para correr mais rápido. Você nos curará dos reis, se é que nós podemos nos curar dessa doença. Hei! Mais rápido ainda. Esvazie o reino! Onde tínhamos nós a cabeça ao amar homens com a altura de vários metros? Nada é mais artisticamente estruturado do que os mosquitos. Nós queremos um mosquito!"

Sidoine, à lembrança da tumultuada cena, não pode conter sua emoção; as lágrimas corriam novamente. Médéric não disse uma palavra, pois certamente seu amigo esperava suas consolações para em seguida se desolar mais ainda.

– O povo – retomou ele após um silêncio – empurrava-me lentamente para fora do seu território. Eu recuava a cada passo, sem pensar em me defender, não ousando mais abrir a boca e tentando esconder meus punhos, os quais excitavam as vaias. Eu sou muito tímido por natureza, tu bem sabes, e nada me zanga tanto quanto ver uma multidão se ocupando de mim. Assim, quando eu já me encontrava em pleno campo, dei as costas aos meus revolucionários e pus-me a correr com toda velocidade. Eu escutei suas injúrias, zangados ainda mais com minha fuga, do que há dois minutos antes com minha lentidão em recuar. Eles me chamaram de covarde e me ameaçaram mostrando os punhos, esquecendo que eu podia lembrar-me dos meus, e acabaram por jogar pedras em mim quando eu já estava longe demais para ser atingido. Aí está, meu amigo Médéric! Aí está minha triste aventura.

– O que é isso? Coragem! – respondeu sabiamente

Médéric. – Vamos fazer uma assembleia. O que achas de aplicar uma leve correção em nosso povo; não para fazê-lo retornar ao dever conosco – pois, depois de tudo isso, ele não teria mais o dever de nos proteger, já que nós não lhe agradamos mais – mas para mostrar-lhe que não se toca para fora pessoas como nós. Eu voto em fazermos uma curta tempestade de sopros.

– Oh! Correções como essa se encontram nos livros de história?

– Mas é claro! Às vezes, os reis devastam cidades inteiras; outras vezes, o povo corta a cabeça do rei. É uma doce reciprocidade. Se isso puder distrair-te, nós podemos dar pancadas nele por conta das que ele te deu ontem.

– Não, meu irmão, essa seria uma triste tarefa. Eu não sou desses que gosta de comer os frangos de sua própria granja.

– Disseste bem, meu amigo. Leguemos, então, a tarefa de lamentar nossa perda ao nosso sucessor. Além disso, esse reino era muito pequeno; tu não podias nem mesmo mexer-te sem exceder as fronteiras. Chega de nos contentarmos com as bagatelas da sorte. Precisamos procurar o mais rápido possível o grande Reino dos Felizes, onde nós reinaremos tranquilamente. Sobretudo, caminhemos juntos. Antes, nós empregaremos algumas manhãs a aperfeiçoar nossa educação e a tomar uma ideia precisa desse mundo, do qual nós governaremos um dos cantos. Combinado, meu amigo?

Sidoine não chorava mais, não refletia mais, não falava mais. As lágrimas, por um instante, colocaram-lhe ideias na cabeça e palavras na boca. Tudo foi embora junto.

– Escuta e não respondas – acrescentou Médéric –, nós atravessaremos nosso reino de ontem e dirigiremo-nos ao Oriente em busca de nosso reino de amanhã.

A amável Primavera, rainha do Reino dos Felizes

Já é hora de contar-lhes as maravilhas do Reino dos Felizes. Aqui estão os detalhes que Médéric soube por seu amigo caboclinho.

O Reino dos Felizes está situado em um mundo que os geógrafos ainda não puderam descobrir, mas que os bravos corações de todos os tempos bem conheceram, por o terem visitado numerosas vezes em seus pensamentos. Eu nada saberia dizer-lhes sobre a extensão de sua superfície, a altura de suas montanhas, o comprimento de seus rios; suas fronteiras não são perfeitamente definidas e, até hoje, a ciência do geômetra consiste, nesse afortunado país, em repartir a terra em pequenos pedaços de acordo com as necessidades de cada família. A primavera não reina eternamente no Reino dos Felizes, como vocês poderiam imaginar, e as flores também têm seus espinhos; a planície é semeada por grandes rochedos, e os crepúsculos precedem noites sombrias, seguidas por sua vez de brancas auroras. A fecundidade, o clima salubre e a beleza suprema deste reino provêm da admirável harmonia e do sábio equilíbrio entre os elementos. O sol amadurece as frutas que a chuva faz crescer, enquanto a noite repousa os campos cultivados, fecundando o dia. Jamais ele queima as ceifas, e jamais o frio congela os rios em seus cursos. Nada vence; tudo se contrabalança, equilibra-se na ordem universal, de sorte que esse mundo, que tem em iguais quantidades todas as forças contrárias, é um mundo de paz, de justiça e de dever.

O Reino dos Felizes é muito populoso. Desde quando? Não se sabe, mas, com certeza, não poderíamos dar mais de dez anos a essa nação. Como parece ainda não duvidar da perfeição do ser humano, ela vive em paz, sem precisar votar a cada dia para manter uma lei ou muitas leis que demandariam, cada uma delas, várias outras para que pudessem ser mantidas. O edifício da iniquidade e da opressão ainda está em suas fundações. Alguns grandes sentimentos, simples como as verdades, têm no reino lugar de regras: a fraternidade diante de Deus, a necessidade de repouso, o conhecimento da insignificância do ser, a vaga esperança de uma tranquilidade eterna. Há um entendimento tácito entre os passantes, que se perguntam por que passar perto uns dos outros já que a rua é larga e leva pequenos e grandes ao mesmo lugar. Uma natureza harmoniosa influenciou o caráter dos habitantes; eles têm, assim como ela, uma alma rica em emoções, acessível a todos os sentimentos. Essa alma, na qual o menor excesso de paixão faria uma tempestade, goza de uma calma inalterável, pela justa repartição de capacidades boas e ruins.

Como vocês mesmos veem, eles não são anjos, e o mundo deles não é um paraíso. Um sonhador de nossos países tropicais adaptar-se-ia mal nessa região temperada onde o coração deve bater em um movimento regular, acariciado por um ar puro e morno. Ele desenhará esses horizontes tranquilos, banhados por uma luz branca, sem tempestades nem meio-dias ofuscantes. Mas que doce pátria para aqueles que, recentemente saídos da morte, lembram-se suspirando do bom sono que dormiram na eternidade passada, e que esperam, de hora em hora, o repouso da eternidade futura. Eles se recusam a sofrer pela vida; eles aspiram a esse equilíbrio, a essa santa tranquilidade, que os lembra de sua verdadeira essência, aquela de não ser. Sentindo-se ao mesmo tempo bons e maus, eles tomaram por lei ofuscar o máximo possível os homens que vivem sob o sol, dando-lhes seu lugar na criação, regulando a harmonia de suas almas com aquela do universo.

Em tal povo não podem existir grandes hierarquias. Ele se contenta em viver sem se separar em castas inimigas, o que o dispensa de ter uma história. Ele recusa essas escolhas ao acaso que impelem certos homens à dominação de seus iguais, dando-lhes uma inteligência maior do que aquela que o céu comumente dispõe a cada um de seus filhos. Corajosos e covardes, idiotas e homens de gênio, bons e maus se resignam, neste país, a não serem nada por si só, a reconhecerem-se pelo único mérito de fazerem parte da família humana. Dessa ideia de justiça nasceu uma sociedade modesta, um pouco monótona à primeira vista, sem personalidades fortes, mas de um todo admirável, que não nutre raiva alguma, constituindo um povo verdadeiro, no sentido mais exato da palavra.

Assim, não há nem ricos nem pobres, não há dignidade nem escala social, com uns em cima e outros embaixo, aqueles empurrando estes. É uma nação que não possui preocupações, plena em sua tranquilidade, amante e filosófica; seus homens que não são mais do que homens. Entretanto, nos primeiros dias do reino, para não se exporem demais aos olhos dos vizinhos, seus habitantes sacrificaram as ideias concebidas nomeando um rei. Eles não sentiam necessidade alguma disso, mas viram nessa medida uma simples formalidade, ou mesmo um modo engenhoso de proteger sua liberdade à sombra de uma monarquia. Eles escolheram o mais modesto dos cidadãos; não o mais burro, para que ele não pudesse tornar-se mau com o tempo, mas de uma inteligência suficiente para que pudesse sentir-se irmão de seus súditos. Essa escolha foi uma das causas da pacífica prosperidade do reinado. Com a medida tomada, o rei esqueceu, pouco a pouco, que tinha um povo, e o povo, que tinha um rei. O governante e os governados assim prosseguiram, lado a lado, ao longo dos séculos, protegendo-se mutuamente, sem terem consciência disso. Os reis reinavam, assim, mesmo que, muitas vezes, não se fizessem notar. O país fruía de uma ordem perfeita, resultante de sua posição única na história: uma monarquia livre em um povo livre.

Seriam curiosos os anais que contassem a história dos reis do Reino dos Felizes. Certamente, as grandes explorações e as reformas humanitárias teriam neles pouco espaço, e ofereceriam um raso interesse. Mas as pessoas teriam prazer em ver a ingênua simplicidade com a qual sucediam-se no trono essa raça de excelentes homens que nasciam reis naturalmente e que levavam a coroa do berço, como nós levamos cabelos louros ou castanhos. A nação, que se lamentava inicialmente por ter adotado um líder, acreditava não mais precisar se preocupar com essa questão, pensando ter votado de uma vez por todas. Ela não agia assim exatamente por respeito à hereditariedade, palavra cujo sentido ela ignorava; mas esse modo de proceder parecia-lhe muito mais cômodo.

Dessa forma, na época do reino da amável Primavera, nenhum genealogista teria podido seguir, remontando o curso do tempo, essa longa descendência de reis, nos seus diferentes membros, todos vindos do mesmo pai. A hereditariedade real seguia-se ao longo das eras, sem que eles jamais tenham se inquietado, com medo de que algum mendigo quisesse roubá-la. Vários dentre eles pareciam mesmo ignorar, durante toda a vida, a alta sinecura que herdaram de seus antepassados. Pais, mães, filhos, filhas, irmãos, irmãs, tios, tias, sobrinhos e sobrinhas passaram o cetro de mão em mão, como uma joia de família.

O povo acabaria por não mais reconhecer o seu rei atual, em um parentesco que se tornou numeroso ao longo dos séculos e bastante emaranhado, não fosse pela boa vontade empregada pelos próprios soberanos em fazer-se reconhecer. Às vezes, apresentavam-se algumas circunstâncias para as quais um rei era absolutamente necessário. Como, em geral, o curso ordinário das coisas era favorável, os súditos ordenavam ao seu líder legítimo que se apresentasse. Então, aquele que possuía o bastão de madeira dourada em um canto de sua casa o pegava modestamente e interpretava seu papel, pronto a retirar-se quando a farsa terminasse. Essas curtas aparições de uma majestade colocavam um pouco de ordem na memória da nação.

É importante ressaltar, para grande honra da família reinante, que jamais, ao apelo do povo, dois reis apresentaram-se ao mesmo tempo; entre herdeiros, o fato merece ser notado: não havia nenhum sobrinho-neto invejoso do grande prêmio perdido para a geração mais velha. Eu não posso afirmar, entretanto, que a amável Primavera seja descendente direta do rei que fundou a dinastia. Como vocês sabem, nem sempre as pessoas são filhas dos seus pais. De qualquer forma, é certo que a dignidade do reino foi transmitida a ela a partir das leis civis de parentesco. Corria em suas veias um sangue rosa que talvez não tivesse misturado a si nenhuma gota de sangue real, mas que certamente guardava ainda alguns átomos do sangue do primeiro homem. Magnífico exemplo para os povos e para os soberanos de nossas redondezas que essa dinastia se desenvolvesse sem maiores agitações, levando sua descendência ao longo das eras ao grado dos nascimentos e das mortes.

O pai da amável Primavera, percebendo que envelhecia, esqueceu-se da grande arte de seus ancestrais e teve a singular ideia de fazer algumas reformas no governo. Uma república precisava ser declarada em alto e bom tom. Nisso, o bom homem morreu, o que evitou aos seus súditos o incômodo de se zangarem. Eles não se preocuparam, desde então, em mudar um sistema político com o qual estavam tão bem há tantos séculos, e deixaram subir ao trono tranquilamente a filha única do defunto, a amável Primavera, então com 12 anos.

A criança, que tinha um grande juízo para sua idade, evitava seguir o exemplo do pai. Tendo aprendido o quanto era difícil querer a alegria de uma nação que declarava gozar de felicidade plena, ela procurava, então, seres que pudesse consolar, vidas que pudesse tornar mais doces. Segundo a lenda, ela teria ganho dos céus uma dessas almas de mulher, feitas de piedade e amor, preenchidas por um Deus melhor e de uma essência tão pura que os homens, para explicar essa penetrante bondade, foram forçados a inventar toda uma legião de anjos e querubins. É verdade, nós povoamos o céu com nossas enamoradas, com nossas irmãs de voz doce, com nossas mães, todas essas santas almas, anjos que guardam nossas preces. Deus nada perde com essas crenças, que estão dentro dele. Se precisar de uma milícia celeste, ele tem, ao redor de seu trono, todos os pensamentos misericordiosos dos bravos corações femininos apaixonados nesse mundo.

Primavera deu diversas provas de sua missão desde seu nascimento; ela nasceu para proteger os fracos e fazer obras de paz e justiça. Eu não vou dizer-lhes que, quando sua mãe colocou-a no mundo, podia-se ver mais sol nos céus ou mais alegria nos corações. Entretanto, nesse dia, as andorinhas revoaram mais tarde sobre os telhados do que de costume. Se os lobos não se enterneceram, pois não fazia parte de sua natureza as lágrimas de alegria, as ovelhas, passando diante da porta, baliam docemente, olhando-se com os olhos úmidos. Houve entre os bichos do reino, quero dizer os bons bichos, uma emoção que adoçicou por uma hora sua triste condição de seres brutos. Um messias tinha nascido, tão esperado por essas pobres inteligências. Eu lhes pergunto sem nenhum escárnio sacrílego: não devem eles, assim como nós, esperar um salvador nos seus sofrimentos e nas suas trevas?

Deitada em seu berço, Primavera, ao abrir os olhos, deu seu primeiro sorriso ao cão e ao gato da casa, sentados ao lado do pequeno leito, gravemente, como se senta ao lado de altos dignitários. Ela derramou sua primeira lágrima abrindo os braços em direção a uma caixa, dentro da qual cantava tristemente um rouxinol. Quando, para apaziguá-la, libertaram-no da frágil prisão, ela deu um novo sorriso, ao ver o pássaro abrir largamente as suas asas.

Eu não posso contar-lhes, dia após dia, sua juventude passada a colocar perto dos formigueiros pequenos punhados de trigo; porém não à beira deles, para não retirar das operárias o prazer do trabalho, e sim a uma curta distância, a fim de fazer trabalharem os pobres membros dessas pequeninas criaturas. De sua bela juventude ela fez uma longa festa, distribuindo bondade, dando ao seu coração a contínua alegria de fazer o bem, de ajudar os miseráveis: pardais e besouros salvos das mãos de malvados garotos, cabras consoladas pela perda de seus cabritos, animais domésticos nutridos abundantemente com ossos e sopas, migalhas de pão jogadas nos telhados, palhinhas estendidas aos insetos que se afogavam, boas ações, doces palavras de todo tipo.

Como eu disse, ela teve bastante cedo a idade da razão. O que primeiramente eram nela instintos do coração tornou-se logo discernimento e regra de conduta. Não foi somente sua bondade natural que a fez amar os bichos; esse bom senso do qual nos servimos para dominar teve nela raro resultado, dando-lhe mais amor, ajudando-a a compreender o quanto as criaturas precisam ser amadas. Quando ela passeava pelas trilhas com as mocinhas de sua idade, Primavera pregava sua missão, e era um charmoso espetáculo observar essa doutora de lábios rosados, com sua ingenuidade grave, explicar a suas discípulas a nova religião, aquela que ensina a estender as mãos aos seres menos favorecidos na criação. Muitas vezes, ela dizia que tinha tido, outrora, grandes piedades, zelando pelos animais privados de palavra, que não podiam por isso testemunhar-nos suas necessidades; ela temia, nesses primeiros anos, tanto passar ao lado delas quando tinham fome ou sede, quanto afastar-se sem aliviar seus sofrimentos, deixando-lhes assim a odiosa impressão do malvado coração de uma mocinha que se recusava à caridade. Disso, dizia ela, provêm todos os desentendimentos entre os filhos de Deus, desde o homem ao verme; eles não entendem a linguagem um do outro, eles se desdenham, em razão de não se compreenderem o suficiente para socorrerem seus irmãos.

Algumas vezes, diante de um grande boi que colocava, durante várias horas, seus olhos mornos sobre ela, Primavera procurou com angústia saber o que poderia desejar a pobre criatura que a olhava tão tristemente. Mas agora de sua parte ela não mais temia ser julgada má. A língua de cada bicho era conhecida por ela, que devia essa ciência à amizade desses pobres sofredores, que lhe haviam ensinado em uma longa convivência; e, quando lhe perguntavam o modo de se aprender milhares de línguas, para pôr fim a um mal-entendido que torna a criação má, ela respondia com um doce sorriso: "Amem os animais, vocês os compreenderão."

Os raciocínios dos bichos não eram, além disso, muito mais profundos do que os de Primavera, que julgava com o coração, sem se incomodar com ideias filosóficas, as quais ignorava. Seu modo de ver o mundo era tão estranho, em nosso século de orgulho, que ela não considerava o homem sozinho na obra de Deus. Ela amava a vida em todas as suas formas e por isso via os seres, do mais humilde ao mais poderoso, gemerem sob uma mesma lei de sofrimento. Nessa fraternidade de lágrimas, ela não podia distinguir aqueles que têm uma alma daqueles aos quais os homens não concedem uma. Somente as pedras deixavam-na insensível; mesmo assim, em janeiro, época de rudes geadas, ela pensava nesses pobres seixos espalhados pelos caminhos, que deviam sentir muito frio. Primavera apegou-se aos animais como nós nos apegamos aos cegos e aos surdos, porque eles não veem nem escutam. Ela procurava as mais miseráveis das criaturas por grande necessidade de amar.

Certo é que Primavera não tinha a estúpida ideia de acreditar que houvesse homens escondidos sob a pele de um burro ou de um lobo; essas são absurdas invenções que podem ocorrer a um filósofo, mas pouco feitas para loura cabeça de uma menina. Eis um perfeito egoísta, o sábio que declarou amar os bichos porque eles seriam homens disfarçados! Por ela – graças a Deus! – as bestas eram bestas completas. Ela as amava ingenuamente, acreditando que estas vivem e que sentem a alegria e a tristeza como nós. Ela as tratava como irmãs, compreendendo perfeitamente a diferença que existe entre a natureza delas e a nossa, mas ao mesmo tempo, dizendo a si mesma que Deus, tendo dado-lhes a vida, fê-las para que fossem consoladas.

Quando a amável Primavera subiu ao trono, vendo

que não poderia fazer obras de caridade pela felicidade de seu povo, ela tomou a resolução de trabalhar em prol dos animais de seu reino. Já que os homens se declaravam plenamente felizes, ela se consagrou à felicidade dos insetos e dos leões. Assim, Primavera apaziguava sua necessidade de amar.

É preciso dizer, porém, que se a concórdia reinava nos vilarejos, não era da mesma forma nos bosques. Primavera ficava estupefata ao observar a guerra que acontecia entre as criaturas. Ela não conseguia entender a aranha bebendo o sangue da mosca, nem o pássaro nutrindo-se da aranha. Um de seus mais terríveis pesadelos consistia em ver, nas malvadas noites de inverno, um tipo de círculo assustador, imenso, preenchendo os céus; o círculo era formado por todos os seres, enfileirados, que se devoravam. Eles giravam incessantemente, levados pela fúria do terrível festim. O terror deixava um suor frio na fronte da criança, quando ela compreendia que esse festim não podia acabar e que os seres girariam assim eternamente, em meio a gritos de agonia.

Mas esse era apenas um sonho que Primavera tinha; a pobre mocinha não possuía consciência da lei fatal da vida, que não pode existir sem a morte. Ela acreditava no poder soberano de suas lágrimas.

Aqui segue, então, o belo projeto que ela formulou, em sua inocência e bondade, para a grande alegria dos animais de seu reino.

Assim que tomou posse do poder real, Primavera fez publicar, ao som de trompa, nas bifurcações de cada floresta, nas granjas e nas praças das grandes cidades, que qualquer animal cansado da ocupação de vagabundo encontraria um asilo certo na corte da amável Primavera. Além disso, dizia a proclamação, os animais pensionários, instruídos na difícil arte de serem felizes, segundo as leis do coração e da razão, desfrutariam de comida abundante, isenta de lágrimas e de sofrimento. Como o inverno se aproximava e as refeições tornavam-se raras, os lobos magros e os insetos friorentos, todos os animais domésticos das redondezas, os gatos e os cães errantes e também cinco a seis dezenas de animais selvagens renderam-se ao apelo da jovem rainha.

Ela alojou-os comodamente em um galpão, ofertando-lhes mil e uma gentilezas, que para eles eram novas. Seu sistema de educação era simples como sua alma. Ele consistia em dar muito amor aos seus alunos, pregando como exemplo um amor mútuo. Ela fez com que se construísse para cada um deles uma cela semelhante, sem se preocupar com as diferenças de natureza entre eles, provendo-as de boas camadas de palha e de urze, de cochos limpos e de altura conveniente, de capas no inverno e galhos de árvores no verão. Ela queria fazê-los esquecer o máximo possível a vida vagabunda que levavam, de alegrias tão amargas; ela também cercou a contragosto o galpão com resistentes grades, para assim ajudar os animais em sua conversão, colocando uma barreira entre o espírito de revolta dos bichos de fora e a excelente disposição de seus discípulos. Dia e noite, ela visitava-os, reunindo-os em uma sala comum, na qual os acariciava, cada um de acordo com o seu mérito. Primavera não lhes fazia longos discursos, mas estimulava-os às conversas amigáveis sobre casos delicados de fraternidade e abnegação, encorajando os oradores inteligentes e reprimindo com bondade aqueles que elevavam muito a voz. Seu objetivo era confundi-los, pouco a pouco, em um mesmo povo. Ela esperava fazer com que cada espécie perdesse sua língua e seus hábitos, conduzindo todas, sem que percebessem, a uma unidade universal, confundindo suas diferentes maneiras de ver e de escutar através de um contato contínuo. Assim, Primavera colocava os fracos sob proteção dos fortes e fazia com que conversassem a cigarra, com seu grito estridente, e o touro, que bufava com toda a força;

ela alojava, lado a lado, cães e lebres, e as raposas, em meio às galinhas. Mas a medida mais hábil na qual ela pensou foi a de servir nas gamelas de todos a mesma comida. A comida em questão, não podendo ser nem carne nem peixe, normalmente era composta por uma tigela de leite por dia para cada um, mais ou menos profunda de acordo com o apetite do pensionário.

Com tudo organizado dessa forma, a amável Primavera atingiu seus resultados. Eles não poderiam deixar de ser bons, pensava ela, já que os meios empregados eram excelentes por si só. Os homens de seu reino declaravam-se cada vez mais felizes, zangando-se quando um filantropo procurava demonstrar-lhes a sua miséria. Os animais, pelo contrário, confessavam sua infelicidade e trabalhavam para alcançar uma felicidade completa. A amável Primavera, nessa época, acreditava ser, sem dúvida alguma, a melhor e mais satisfeita das rainhas.

Médéric não sabia mais a fundo sobre o Reino dos Felizes. Seu amigo caboclinho contou-lhe que tinha voado, em uma bela manhã, para fora do galpão hospitaleiro, sem confiar-lhe, porém, a razão dessa fuga inexplicável. Francamente, esse caboclinho devia ser um malvado patife, pois não gostava do leite, preferindo o sol e as amoreiras.

ONDE MÉDÉRIC VULGARIZA
A GEOGRAFIA, A ASTRONOMIA,
A HISTÓRIA, A TEOLOGIA, A FILOSOFIA,
AS CIÊNCIAS EXATAS, AS CIÊNCIAS
NATURAIS E OUTRAS CIÊNCIAS MENORES

Enquanto isso, o gigante e o anão seguiam pelos campos, passeando sob a luz do sol; eles desejavam chegar logo, mas perdiam-se em devaneios a cada curva das trilhas. Médéric abrigou-se novamente na orelha de Sidoine, pois continuava a descobrir nela novas comodidades; o abrigo convinha-lhe em todos os pontos.

Os dois irmãos caminhavam ao acaso. Médéric deixava-se conduzir no ritmo das pernas de Sidoine, despreocupado com a rota; como essas pernas abarcavam, em um único passo, vinte graus de um meridiano terrestre, daí resultou que, ao final da primeira manhã de caminhada, os viajantes já tinham feito a volta ao mundo um número incalculável de vezes. Por volta de meio-dia, Médéric, cansado de permanecer calado, não pôde deixar passarem novamente os mares e os continentes sem dar uma lição de geografia ao seu companheiro.

– Hei, meu amigo – disse ele –, nesse momento há milhões de pobres crianças encerradas em salas frias, sacrificando seus olhos e espíritos a decifrar o mundo em sujos pedaços de papel pintados de azul, de verde e de vermelho, cobertos de linhas e de nomes bizarros, exatamente como em um escrito cabalístico indecifrável. O homem é digno de pena, pois enxerga somente os espetáculos que mínguam quando equiparados a ele. Outrora, eu olhei por acaso um desses livros que tratam dos lugares conhecidos em vinte ou trinta páginas; é uma dessas coleções pouco recreativas, boas somente para preencherem a memória das crianças. Porque não podemos abrir o livro sublime que se estende diante de nós, fazendo-as lê-lo com um olhar, em sua imensidão? Mas os pirralhos, filhos de nossas mães, não têm altura suficiente para abraçar a página inteira. Somente os anjos podem fazer uma ciência verdadeira, se algum velho santo de espírito rabugento der, lá em cima, lições de geografia. Ora, já que é do agrado de Deus colocar diante de nossos olhos esse belo mapa natural, eu desejo aproveitar esse raro favor para chamar tua atenção às diversas facetas da terra.

– Meu irmão Médéric – interrompeu Sidoine –, eu sou um ignorante e temo não te compreender. Por mais que falar pouco te canse, é mais proveitoso para nós dois que tu fiques em silêncio.

– Como sempre, meu amigo, tu dizes uma besteira. Eu tenho, nesse momento, um interesse considerável em entreter-te com os conhecimentos humanos; saibas que eu não proponho nada menos do que vulgarizar esses conhecimentos. Antes de tudo, sabes o que significa vulgarizar?

– Não. Arriscando-me a dizer uma nova besteira, a expressão parece-me bárbara.

– Vulgarizar uma ciência, meu amigo, significa enfraquecê-la, diluindo-a tanto quanto possível, para torná-la de fácil digestão aos cérebros das crianças e dos pobres de espírito. Eis o que acontece: os sábios desdenham as verdades escondidas sob pesadas roupagens, preferindo a elas as verdades nuas; as crianças, acreditando, com razão, que os estudos sérios vêm em seu tempo – sempre cedo demais – continuam a brincar até a idade em que possam andar pelo rude caminho do conhecimento sem vendar os próprios olhos; os pobres de espírito – eu falo desses que não têm a sabedoria de tampar os ouvidos – escutam as mais belas vulgarizações sem se importarem, embriagando completamente seus cérebros, o que os torna completos idiotas. Assim, ninguém aproveita essa ideia eminentemente filantrópica que consiste em colocar a ciência ao alcance de todos. Ninguém, a não ser o vulgarizador: ele faz façanhas. Tu não podes me impedir honestamente de fazer minhas façanhas, meu amigo, se eu não tenho a menor vaidade em querer fazê-las.

– Fala, meu irmão Médéric; teus discursos não me impedirão de caminhar.

– Vê que sábias palavras. Observa, meu amigo, os quatro pontos do horizonte com atenção. Dessa altura, nós não conseguimos distinguir os homens, nossos irmãos, e podemos tomar facilmente suas cidades por amontoados de pedras cinzentas, jogados no fundo das planícies e das encostas. A terra, assim considerada, oferece um espetáculo de singular grandiosidade: aqui, rochedos de longas arestas; lá, poças de água em buracos; depois, mais longe ainda, algumas florestas que fazem manchas sombrias na brancura do sol. Essa vista tem a beleza dos horizontes imensos; mas o homem sempre encontrará mais encanto em contemplar uma casa encostada a um rochedo, com duas roseiras e um filete de água na porta.

Sidoine fez uma careta ao escutar esse detalhe poético. Médéric continuou:

– Ao final de longos intervalos de tempo, dizem, assustadores tremores destroem os continentes, levantam os mares e mudam os horizontes. Um novo ato começa na grande tragédia da eternidade. Nesse momento, eu me imagino observando um desses mundos anteriores, já que os geógrafos não existiam neles. Alegres montanhas, afortunados rios e calmos oceanos, vocês viveram em paz por milhares de séculos, sem nomes diante de Deus, como formas passageiras de uma terra que mudará talvez amanhã. Meu amigo e eu, nós vemos vocês de muito alto, como deve vê-las o seu Criador, e nós não nos inquietamos com a profundidade das ondas, com a altura das montanhas ou com as diversas temperaturas das regiões. Observa bem, Sidoine, eu vulgarizo mais do que nunca; estou exatamente na geografia física do globo. Para o Eterno, existem certamente tantos mundos diferentes que ele deve ficar transtornado. Você deve compreender isso bem. Mas o homem, criatura de uma época, só pode imaginar a terra com um único jeito de ser. Desde o nascimento de Adão, as paisagens não mudaram; elas são tais como as águas do último dilúvio deixaram a nossos pais. Aí está minha tarefa singularmente simplificada. Nós devemos estudar somente linhas imóveis, uma certa configuração claramente imutável. A memória do olhar será suficiente. Olha, e serás sábio. O mapa é belo, eu acho, e tu tens inteligência o suficiente para abrir os olhos.

— Eu os abro, meu irmão, e vejo os oceanos, as montanhas, os rios, as ilhas e mil outras coisas. Mesmo quando fecho os olhos, à noite, ainda vejo essas coisas; é isso, sem dúvida, o que tu chamaste de memória do olhar. Mas seria bom, eu acho, que tu me dissesses o nome dessas maravilhas e que me falasses um pouco sobre seus habitantes, depois de ter descrito um pouco a casa deles.

— Ah! Meu pobre amigo, eu fiz para ti, em algumas palavras, um curso de geografia esplêndido; se eu tivesse que te ensinar agora as idiotices despejadas sobre os escolares dos quais eu falava ainda a pouco, eu não terminaria tua educação nem daqui a dez anos. O homem se compraz em embaralhar tudo quanto há sobre a terra; ele deu vinte nomes diferentes à mesma ponta de rochedo; ele inventou continentes e, mais que isso, negou-os; ele fundou tantos reinos, e aniquilou tantos deles, que cada pedra, nos campos, serviu certamente de fronteira a alguma nação morta. Esse rigor de linhas, essas mesmas divisões eternas, existem somente para Deus. Introduzindo a humanidade neste vasto teatro, ele gerou para si uma assustadora desordem. Para ele é tão fácil, a cada cem anos, pegar uma folha de papel e desenhar uma nova terra, aquela do momento! Se a terra do Criador tivesse sofrido todas as mudanças que sofreu a terra dos homens, nós teríamos diante de nós, ao invés desse mapa natural tão claro ao olhar, a mais estranha mistura de cores e de linhas. Eu não consigo me divertir com os caprichos de nossos irmãos. Eu repito a ti que olhes com atenção. Saberás mais sobre o mundo com um olhar do que todos os geógrafos dele; pois terás visto com teus próprios olhos as grandes arestas da crosta terrestre, que esses senhores ainda procuram com seus nivelamentos e seus compassos. Aí está, se não me engano, uma lição de geografia física e política bem vulgarizada.

Como o professor parou de falar, o aluno, que no momento estava no mundo da lua, atravessou o pólo, tranquilamente, e colocou os pés no outro hemisfério. Era meio-dia de um lado e meia-noite de outro. Nossos companheiros, que deixavam um branco sol de abril, continuaram sua viagem pelo mais belo clarão de lua que se possa ver. Sidoine, naturalmente ingênuo, quase caiu de costas com a falta de lógica que pareciam ter nesse momento a lua e o sol. Ele ergueu a cabeça e observou as estrelas.

– Meu amigo – disse Médéric em sua orelha –,

esse é o momento perfeito para vulgarizar a astronomia. A astronomia é a geografia dos astros. Ela ensina que a terra é um grão de poeira jogado na imensidão. É uma das ciências mais sanas dentre todas, quando interpretada em doses razoáveis. Mesmo assim, eu não teimarei com esse ramo dos conhecimentos humanos; sei que tu és modesto, pouco curioso sobre as fórmulas matemáticas. Mas, se tivesses o menor orgulho, seria ótimo para curar-te dessa doença vil e fazerte entrever com um algarismo as espantosas verdades do espaço. Um homem, por mais louco que possa ser, ao admirar as estrelas em uma noite clara, não saberia conservar nem por um segundo a estúpida ideia de que existe um Deus criador do universo, por um consentimento maior da humanidade. Há, na fronte do céu, uma eterna negação dessas mentirosas teorias que, considerando o homem sozinho na criação, dispõem as vontades de Deus a seu respeito, como se Deus tivesse que se ocupar somente com a Terra. E os outros mundos, o que é feito deles? Se a obra tem um objetivo, toda a obra não será empregada para atingir esse objetivo? Nós, infinitamente pequenos, aprendemos astronomia para sabermos o nosso lugar no infinito. Olha o céu, meu amigo, olha-o bem. Gigante como és, tu tens acima de tua cabeça a imensidão com todos os seus mistérios. Se, em algum momento, já tiveste a irritante ideia de filosofar sobre o teu princípio e sobre o teu fim, essa imensidão te impedirá de concluir.

– Meu irmão Médéric, vulgarizar é um belo jogo. Eu adoraria descobrir o motivo do dia e da noite. Aí estão estranhos fenômenos nos quais eu jamais tinha pensado.

– Meu amigo, é assim com todas as outras coisas. Nós as vemos incessantemente, sem sabermos o primeiro nome delas. Tu me perguntas o que é o dia; eu não ousaria vulgarizar essa grave questão da física. Saibas somente que os sábios ignoram, assim como tu, a causa da luz; cada um dentre eles fez para si, com a ajuda de seu raciocínio, uma pequena teoria, e o mundo não é nem mais nem menos esclarecido por causa disso. Mas eu posso tentar, para minha grande honra, uma vulgarização do fenômeno da noite. Antes de tudo, entende que a noite não existe.

– A noite não existe, meu irmão Médéric? Entretanto, eu a vejo.

– Ah, meu amigo, fecha os olhos e me escuta. Tu não sabes? Sozinha, a inteligência do homem vê distintamente; os olhos são um presente do espírito do mal, induzindo a criatura ao erro. Por certo, a noite não existe se o dia existe. Tu me entenderás. No verão, na época das monções, quando o céu queima e os viajantes não conseguem suportar a claridade das estradas brancas, eles procuram um muro à sombra do qual caminhar, em uma noite relativa. Nós, nesse momento, passeamos na sombra da terra, naquilo que vulgarmente se chama uma noite absoluta. Mas, somente porque os viajantes andam na sombra, os campos vizinhos deixam de ter as mais quentes carícias do sol? Por que nós não vemos nada e não sabemos onde colocar nossos pés, o infinito perdeu um único raio de luz? Logo, a noite não existe, se o dia existe.

– Por que essa última restrição, meu irmão? Poderia o dia não existir?

– É claro, meu amigo; o dia não existe, se a noite existe. Oh! Como é bela a vulgarização, e como eu queria ter agora algumas dezenas de crianças para fazê-las esquecerem seus brinquedos! Escuta: a luz não é uma das condições especiais do espaço; ela é sem dúvida um fenômeno totalmente artificial. Nosso sol está empalidecendo, assegura-se; os astros certamente se apagarão. Então, a imensa noite reinará novamente no seu império, esse império do nada do qual nós saímos. Tudo sendo bem considerado, a noite existe, se o dia não existe.

– Quanto a mim, meu irmão, estou bastante tentado a acreditar que nenhum dos dois exista.

– Talvez, meu amigo, é bem possível. Se nós tivéssemos o tempo necessário para ganhar uma ideia sumária de todos os conhecimentos, ou seja, das várias existências do homem, eu te provaria, através de um terceiro raciocínio, que a noite e o dia existem ambos. Mas basta de nos ocuparmos das ciências físicas; passemos às ciências naturais.

Médéric e Sidoine não paravam para tagarelar. Como, acima de tudo, o único objetivo de suas andanças era o de descobrir o Reino dos Felizes, eles desciam o globo de norte a sul, atravessando-o de leste a oeste, sem permitirem-se a menor parada. Esse modo de procurar um império tinha certamente grandes vantagens, mas não se poderia dizer que ele era isenta de incômodos. Sidoine estava, desde o dia anterior, com coriza e frieiras, por passar, sem transição, do calor sufocante dos trópicos aos ventos glaciais dos pólos. O que mais o contrariava era o brusco desaparecimento do sol, quando ele passava de um continente a outro. Todas as vulgarizações do mundo não teriam podido explicar-lhe esse fenômeno, que produzia em seus olhos um vai-e-vem irritante de luz, o mesmo que faz, em um quarto, uma cortina aberta e fechada ra-

145

pidamente. Vocês podem julgar, por isso, o bom passo com que caminhavam nossos companheiros. Quanto à Médéric – confortavelmente transportado na orelha de seu amigo, mais indolente do que sobre as almofadas da melhor carruagem suspensa – ele pouco se inquietava com os incidentes da estrada, protegendo-se do frio e do calor. Aliás, ele quase não se incomodava com o espelhamento do dia e da noite.

Os viajantes tinham acabado de regressar ao hemisfério iluminado. Médéric pôs o nariz para fora.

– Meu amigo – disse ele – nas ciências naturais, o estudo mais interessante é certamente o das diversas raças de uma mesma espécie animal. Por outro lado, o estudo da espécie humana oferece um atrativo bastante particular aos sábios; afirma-se que ela custou ao Criador toda uma jornada de trabalho, pois não provinha da mesma criação das outras criaturas. Nós iremos, então, examinar as diferentes raças da grande família dos homens. Fiquemos à luz do sol, a fim de vermos nossos irmãos e lermos em seus rostos a verdade de minhas palavras. Desde o primeiro olhar, tu podes convencer-te de que, para o observador desinteressado, seu rosto é assim feio em todos os lugares. Em cada região, eu bem sei, eles encontram, em alguns dentre eles, uma rara beleza de traços; mas isso é pura imaginação, já que os povos não concordam em relação à ideia de beleza absoluta, cada um adorando aquilo que seu vizinho desdenha; porém, uma verdade é verdadeira sob a condição de sê-lo sempre e para todos. Eu não mais encorajarei a ideia de feiúra universal. As raças humanas – tu as vês aos seus pés – são quatro: a negra, a vermelha, a amarela e a branca. Há, certamente, também os tons intermediários; procurando bem, nós chegaríamos a estabelecer uma gama inteira, do negro ao branco, passando por todas as cores. Minha questão, a única que eu gostaria de aprofundar hoje, dirige-se inicialmente ao homem que quer vulgarizar com honra. Aqui está ela: Adão era branco, amarelo, vermelho ou negro? Se afirmo que ele era branco, sendo eu mesmo branco, não tenho como explicar as singulares mudanças de cor ocorridas em meus irmãos. Eles mesmos, imaginando sem dúvida o primeiro homem à sua semelhança, estariam tão embaraçados quanto eu. Confessemos que a questão é espinhosa. Aqueles que se ocupam com as altas ciências explicarão o fato, talvez, pelas diversas influências do clima e da alimentação, ou por cem outras belas razões difíceis de se prever e de se compreender. Quanto a mim, eu vulgarizo, e tu me compreenderás sem problemas. Meu amigo, se hoje

147

existem homens de quatro cores – negros, vermelhos, amarelos e brancos – é porque Deus, no primeiro dia, criou quatro Adões: um branco, um amarelo, um vermelho e um negro.

– Meu irmão Médéric, tua explicação me satisfaz completamente. Mas, diga-me, ela não parece um pouco ímpia? Onde estaria a fraternidade universal dos homens? Além disso, não existe um santo, designado pelo próprio Deus, que fala de um único Adão? Eu sou um simples de espírito, e seria muito feio se me tentasses com maus pensamentos.

– Meu amigo, tu és exigente demais. Eu não posso ter razão sem tirar a razão dos outros. Sem dúvida alguma meu ponto de vista desse assunto, que é aliás pessoal, ataca uma velha crença, muito respeitável por sua longa data. Mas que mal isso pode fazer a Deus, estudar sua obra com toda a liberdade, já que ele nos deixou essa liberdade? Não é o caso de negar, e sim de discutir sua obra. Mesmo assim, se eu negasse o criador sob uma certa forma, seria para apresentá-lo sob outra. Meu amigo, eu vulgarizo a teologia agora! A teologia é a ciência de Deus.

– Bom! – interrompeu Sidoine. – Disso eu sei. Isso é suficiente para que qualquer um sinta-se dono de um espírito correto. Até que enfim encontrei uma ciência simples, que não deve exigir dois meses de raciocínios.

– O que tu estás dizendo, meu amigo! A teologia, uma ciência simples! Aí estão duas palavras sem lógica! Certamente é simples, para os corações ingênuos, reconhecer um Deus e limitar a isso a sua ciência, o que lhes permite que sejam sábios sem se incomodarem muito. Mas os espíritos inquietos, uma vez tendo Deus encontrado, dele fazem um Deus para si. Cada um tem o seu, que é rebaixado ao seu nível, para que se possa compreendê-lo; cada um defende o seu ídolo e ataca o ídolo do outro. Daí o assustador amontoado de volumes, o eterno tema de discussões: os modos de ser Daquele que é, o melhor método de adorá-lo, suas manifestações sobre a terra, o objetivo final a que ele se propõe. Que o céu me proteja de vulgarizar tal ciência; eu zelo muito pelo meu bom senso!

Médéric calou-se, com a alma entristecida por essas mil verdades que ele remoía insistentemente. Sidoine, não o escutando mais, arriscou uma pernada e chegou direto na China. Os habitantes, suas cidades e sua civilização espantaram-no profundamente. Ele decidiu fazer uma pergunta.

– Meu irmão Médéric, aqui está um povo que me

faz desejar escutá-lo vulgarizar a história. Esse império tem um grande espaço nos anais dos homens?

– Meu amigo – respondeu Médéric – já que tu não podes deixar de te instruir, eu gostaria de fazer-te em poucas palavras um curso de história universal. Meu método é bastante simples e espero aplicá-lo inteiro um dia desses; ele repousa sobre a insignificância do homem. Quando o historiador investiga os séculos, ele vê as sociedades, surgidas da ingenuidade inicial, elevarem-se à mais alta civilização, para depois recaírem novamente na antiga barbárie. Assim, os impérios sucedem-se uns aos outros, sucumbindo cada um a sua vez. Cada vez que um povo acredita ter atingido a suprema ciência, é essa mesma ciência que causa a sua ruína, e o mundo é encaminhado novamente a sua ignorância natural. No começo dos tempos, o Egito construiu suas pirâmides e contornou o Nilo com as suas cidades; na sombra de seus templos, ele resolveu os grandes problemas para os quais a humanidade ainda procura solução; ele foi o primeiro a ter a ideia da unidade de Deus e da imortalidade da alma; em seguida ele morre, no anoitecer das festas de Cleópatra, levando consigo os segredos de dezoito séculos. A Grécia sorri então, perfumada e melodiosa; o seu nome chega a nós misturado a gritos de liberdade e cantos sublimes; ela povoa os céus com seus sonhos e diviniza o mármore com seu entalhe; logo, cansada de glória e de amor, ela se apaga, deixando somente ruínas para testemunharem seu grandioso passado. Enfim, Roma se levanta, surgida dos despojos do mundo; a guerreira Roma submete os povos, reina pelo direito escrito, e perde a liberdade adquirindo o poder; ela herda as riquezas do Egito, a coragem e a poesia da Grécia. Ela é toda volúpia, toda esplendor; mas, quando a guerreira transforma-se em cortesã, um furacão vindo do norte passa sobre a cidade eterna, dissipando aos quatro ventos suas artes e sua civilização.

Se jamais discurso algum tinha feito Sidoine bocejar, foi esse o primeiro, que Médéric declamava dessa forma.

– E a China? – perguntou ele em um tom modesto.

– A China! – espantou-se Médéric. – O diabo que te carregue! Eis minha história universal inacabada, pois perdi o estímulo necessário para semelhante tarefa. A China existe? Tu acreditas vê-la, e as aparências dão razão a ti, eu confesso; mas abre o primeiro tratado de história que encontrar, e tu não verás nem dez páginas sobre esse império pretendido tão grande pelos maus geógrafos. Uma metade do mundo sempre ignorou perfeitamente a história da outra.

– No entanto, o mundo não é tão grande assim – observou Sidoine.

– Aliás, meu amigo, sem mais vulgarizar, eu estimo singularmente a China, e até mesmo temo-a um pouco, como tudo aquilo que é desconhecido. Eu acredito ver nela a nação do futuro. Amanhã, quando nossa civilização decair, assim como decaíram todas as civilizações passadas, o extremo Oriente herdará sem dúvida as ciências do Ocidente, e se tornará, por sua vez, o hemisfério civilizado, sábio por excelência. É uma dedução matemática do método histórico.

– Matemática! – disse Sidoine, que acabava de deixar a China a contragosto. – É isso. Eu quero aprender as matemáticas.

– As matemáticas, meu amigo, fizeram muitos ingratos. Eu consinto, entretanto, em fazer-te provar dessas fontes de todas as verdades. O sabor delas é amargo; são necessários longos dias para que o homem habitue-se à divina volúpia de uma eterna certeza. Pois saiba que somente as ciências exatas dão essa certeza procurada pela filosofia em vão.

– A filosofia! Poderias falar-me mais dela, meu irmão Médéric? A filosofia parece-me ser uma ciência muito agradável.

– Certamente, meu amigo, ela tem alguns atrativos. As pessoas do povo adoram visitar os sanatórios, atraídas pelo gosto do bizarro, pelo prazer que têm com o espetáculo das misérias humanas. Eu me espanto em não vê-los ler com paixão a história da filosofia; pois os loucos, por serem filósofos, não são por isso menos divertidos. A medicina...

– A medicina! O que tu dizias sobre ela? Eu quero ser médico para me curar, quando tiver febre.

– Que seja. A medicina é uma bela ciência; quando começar a curar, ela se tornará uma ciência útil. Até lá, é permitido estudá-la com arte, sem exercê-la, o que é mais humano. Ela tem algum parentesco com o direito, que as pessoas estudam por simples curiosidade de amadores, para não mais se preocuparem com ele em seguida.

– Então, meu irmão Médéric, eu não vejo nenhum inconveniente em começar pelo estudo do direito.

– Primeiro, algumas palavras sobre a retórica, meu amigo.

– Sim, a retórica me é muito conveniente.

– Em grego...

– Em grego, não poderia ser melhor.

– Em latim...

– O latim primeiro, o grego em seguida, como tu quiseres, meu irmão Médéric. Mas não seria melhor conhecer primeiramente o inglês, o alemão, o italiano, o espanhol e as outras línguas modernas?

– Minha nossa, meu amigo! – gritou Médéric sem fôlego. – Vulgarizações na medida, por favor! Eu estou com a língua seca. Reconheço não poder dizer mais do que um número limitado de palavras por minuto. Cada ciência, se é do agrado de Deus, vem em seu tempo. Tenhamos um pouco mais de método. Minha primeira lição não é notável nem pela clareza de sua exposição nem pelo encadeamento lógico de seus temas. Continuemos a conversar, se te agrada, mas conversemos no futuro com a ordem e a calma que distinguem a conversação entre pessoas sensatas.

– Meu irmão Médéric, tuas sábias palavras me fazem refletir. Eu não gosto muito de falar e ainda menos de escutar, porque, no segundo caso, eu preciso pensar para compreender; empenho que me é inútil no primeiro caso. Certamente me agradaria aprofundar todos os meus conhecimentos humanos; mas, sinceramente, eu prefiro ignorá-los durante toda a minha vida, se tu não puderes informá-los a mim todos juntos em três palavras.

– Ah! Meu amigo, porque tu não me contaste o teu horror a detalhes? Eu teria, desde o começo e sem abrir a boca, dado a ti a pura essência das mil e uma verdades desse mundo, isso com um simples gesto. Não escutes mais; observa. Eis a suprema ciência.

Isso dizendo, Médéric subiu no nariz de Sidoine, esse nariz que ele tinha tão bem comparado ao campanário de seu vilarejo. Ele se sentou na sua extremidade, com as pernas pendentes; em seguida, voltou-se um pouco para trás, olhando seu amigo de um jeito dissimulado e zombeteiro. Ele então levantou a mão direita bem aberta, apoiando delicadamente o polegar na ponta de seu próprio nariz; e voltando-se em direção aos quatro pontos do horizonte, ele saudou a terra agitando os dedos no ar da forma mais galante que possamos imaginar.

– Oh! Então – disse Sidoine – os ignorantes não são bem aqueles que nós imaginamos. Muito obrigado pela vulgarização.

OS DIVERSOS ENCONTROS,
SURPREENDENTES E IMPREVISTOS,
QUE FIZERAM SIDOINE E MÉDÉRIC

Quando a noite chegou, Sidoine parou um pouco. Eu digo noite, e me exprimo mal. Os momentos que nós nomeamos de noite e dia não existem para aqueles que seguem o curso do sol, fazendo o dia e a noite de acordo com a sua vontade. Na verdade, nossos viajantes corriam o mundo há mais ou menos doze horas.

– Estou com comichões nos punhos – disse Sidoine.

– Coça-os, meu amigo – respondeu Médéric –; eu não posso oferecer-te outro alívio. Mas, dize-me, a educação não apaziguou um pouco a tua natureza bélica?

– Não, irmão. Para dizer a verdade, a minha ocupação real foi o que me desgostou das pancadas. Os homens são realmente muito fáceis de se matar.

– Aí está, meu amigo, a humanidade bem compreendida. Hei, anda logo então! Como sabes, estamos procurando o Reino dos Felizes.

– Sim, eu sei! Nós estamos realmente procurando o Reino dos Felizes?

– Como assim? Se nós não fazemos outra coisa! Jamais um homem foi tão direto em seu objetivo. Esse Reino dos Felizes deve estar singularmente situado, eu confesso, para sempre escapar aos nossos olhares. Seria bom, talvez, perguntar o caminho.

– Sim, irmão, ocupemo-nos da trilha, se nós queremos que ela nos leve a alguma parte.

Nesse momento, Sidoine e Médéric encontravam-se em uma grande estrada, não muito distante de uma cidade. Dos dois lados estendia-se um vasto parque cercado por baixos muros, por cima dos quais passavam galhos de árvores frutíferas, carregadas de maçãs, de peras e de pêssegos apetitosos de se ver, que teriam bastado para a sobremesa de um exército.

Como eles avançavam, avistaram sentado contra um desses muros um bom homem de aspecto miserável. Ao aproximarem-se dele, a pobre criatura levantou-se, arrastando os pés, tiritando de fome.

– Caridade, meus bons senhores! – pediu ele.

– Caridade! – exclamou Médéric. – Meu amigo, eu não sei onde ela está. Estaria o senhor perdido como nós? O senhor nos faria um grande obséquio se pudesse indicar-nos onde fica o Reino dos Felizes.

– Caridade, meus bons senhores! – repetiu o mendigo. – Eu não como há três dias.

– Não come há três dias! – disse Sidoine maravilhado. – Eu não conseguiria fazer o mesmo.

– Não come há três dias! – repetiu Médéric. – Hei, meu amigo, por que fazer uma semelhante experiência? É universalmente sabido que é preciso comer para viver.

O bom homem tinha sentado-se novamente ao pé do muro. Ele esfregava as mãos, fechando os olhos de fraqueza.

– Estou com muita fome – disse ele em voz baixa.

– Então o senhor não gosta nem de pêssegos, nem de peras, nem de maçãs? – perguntou Médéric.

– Eu gosto de tudo, mas não tenho nada.

– Hei, meu amigo! Você é cego? Estenda a mão. Há, bem em cima do seu nariz, uma pera magnífica que lhe dará de beber e de comer, tudo ao mesmo tempo.

– Essa pera não é minha – respondeu o pobre.

Os dois companheiros olharam-se, estupefatos com essa resposta, sem saber se deviam rir ou se zangar.

– Escute, meu bom homem – continuou Médéric –, nós não gostamos que debochem de nós. Se o senhor está se desafiando a morrer de fome, ganhe à vontade o seu páreo. Se, pelo contrário, deseja viver o máximo de tempo possível, coma e digira à luz do sol.

– Senhor – respondeu o mendigo –, eu bem vejo, o senhor não é deste país. O senhor saberia que aqui se morre perfeitamente de fome, sem nenhum desafio. Aqui, alguns comem, outros não. As pessoas se encontram em uma ou outra classe, segundo o acaso do nascimento. Aliás, esse é um estado das coisas bem aceito; é preciso que o senhor venha de longe para se espantar.

– Eis algumas singulares histórias! E quantos são vocês que não comem?

– Mais de centenas de milhares.

– Ah! Meu irmão Médéric – interrompeu Sidoine –, esse encontro parece-me dos mais estranhos e dos mais imprevistos. Eu jamais teria acreditado que se pudesse encontrar sobre a face da terra pessoas que tenham o singular dom de viver sem comer. Então, tu não me vulgarizaste tudo?

– Meu amigo, eu ignorava essa particularidade. Eu a recomendo aos naturalistas, como uma nova característica bem marcada que separa a espécie humana das outras espécies animais. Agora entendo que, nesse país, as peras não sejam para todo mundo. As mesquinharias do homem têm as suas grandezas. A partir do momento em que não há uma riqueza comum, nasce dessa injustiça uma bela e suprema justiça: a de conservar a cada um o seu bem.

O mendigo havia retomado seu sorriso doce e penoso. Ele cedia sobre seu próprio corpo, como se já não pesasse mais, como se abandonasse a si ao bel-prazer do céu. Ele balbuciou novamente, com sua voz arrastada:

– Caridade, meus bons senhores!

– A caridade, meu bom homem – disse Médéric –, eu não sei onde ela está. Essa pera não é sua, e o senhor não ousa pegá-la, obedecendo com isso as leis do seu país, conformando-se com essa ideia de propriedade que você sugou com o leite da sua mãe. Essas boas crenças devem ser energicamente ensinadas pelos homens, se eles não querem que as frágeis estruturas de sua sociedade desabem nos primeiros ataques de um espírito examinador. Eu, que não sou dessa sociedade que recusa toda e qualquer fraternidade aos meus irmãos, posso infringir suas leis, sem acarretar em desrespeito algum, nem à sua legislação nem às suas crenças morais. Pegue logo essa fruta e coma-a, pobre miserável. Seu eu for condenado por isso, será de bom coração.

Médéric, assim falando, colheu a pera e ofereceu-a ao mendigo. Este apoderou-se do fruto e observou-o avidamente. Depois, ao invés de levá-lo à boca, ele jogou-o novamente no parque, por cima do muro. Médéric observou seu gesto sem espanto.

– Meu amigo – disse ele a Sidoine –, quero que observes bem esse homem. Ele é o tipo mais puro da humanidade. Ele sofre, ele obedece; ele é orgulhoso por sofrer e por obedecer. Eu acho que ele é um grande sábio.

Sidoine deu algumas pernadas, com o coração triste por abandonar assim um pobre diabo morrendo de fome. Aliás, ele não procurava compreender a conduta do miserável; seria preciso ser um pouco mais humano do que ele era para resolver semelhante problema. Na partida, ele pegou a pera de volta; ele procurava agora, olhando à sua frente, algum pobre menos escrupuloso para quem dá-la.

Como Sidoine aproximava-se da cidade, ele viu sair de uma porta um cortejo de ricos senhores, acompanhando um leito no qual encontrava-se deitado um velho. A dez passos de distância, ele percebeu que o velho certamente não tinha mais de quarenta anos; a idade não poderia ter murchado seus traços nem embranquecido seus cabelos.

Com certeza, o infeliz morria de fome, a ver pela sua face pálida e pela fraqueza que amolecia seus membros.

– Meu irmão Médéric, oferece minha pera a esse indigente. Eu não consigo entender como tudo lhe falta, deitado no veludo e na seda; mas ele tem uma aparência tão ruim que só pode ser muito pobre.

Médéric pensava como seu amigo.

– Senhor – disse ele polidamente ao homem deitado no leito –, o senhor sem dúvida alguma não comeu essa manhã.

O homem entreabriu os olhos.

– Há dez anos eu não como – respondeu ele.

– Eu não disse?! – espantou-se Sidoine. – Que desafortunado!

– Ah! – continuou Médéric. – Esse deve ser um duplo sofrimento, o de carecer de pão em meio ao luxo que o cerca. Tome, meu amigo, pegue essa pera, apazigue a sua fome.

O homem nem mesmo abriu os olhos. Ele deu de ombros.

– Uma pera – disse ele –, veja se meus carregadores têm sede. Essa manhã, meus caros servos, belas moças de braços nus ajoelharam-se diante de mim, oferecendo-me os cestos cheios de frutas que elas acabavam de colher nos meus pomares. O cheiro de toda essa comida me fez mal.

– Então o senhor não é um mendigo? – interrompeu Sidoine desapontado.

– Os mendigos comem às vezes. Eu lhe disse que não como jamais.

– E qual é o nome dessa terrível doença?

Médéric, tendo compreendido qual era a miséria desse indigente, adornado por jóias e rendas, encarregou-se de responder a Sidoine.

– Essa doença é a dos pobres milionários – disse ele. Ela não tem um nome conhecido, porque os remédios não têm nenhum efeito sobre ela; ela é curada por uma forte dose de indigência. Meu amigo, se esse senhor não come mais, é porque ele tem muito do que comer.

– Bom! – exclamou Sidoine. – Aí está um mundo bem estranho! Que não se coma, quando faltam peras, eu compreendo até certo ponto; mas que não se coma quando se tem florestas com árvores frutíferas, eu me recuso a aceitar isso como lógico. Em que país absurdo estamos nós então?

O homem no leito ergueu-se um pouco, aliviado de seu tédio pela ingenuidade de Sidoine.

– Senhor – respondeu ele –, o senhor está no país da civilização. Os faisões custam muito caro; mas meus cães não os querem mais. Deus o guarde dos festins desse mundo. Eu me encontro na casa de uma brava mulher, minha conhecida, para tentar comer um pedaço de pão preto. A sua galharda aparência abriu-me o apetite.

O homem deitou-se novamente, e o cortejo colocou-se novamente em curso. Sidoine, seguindo-o com os olhos, deu de ombros, balançou a cabeça e estalou os dedos, dando assim fortes mostras de desdém e de espanto. Depois, ele saiu da cidade a passos largos, levando sempre consigo a pera, tão difícil de se fazer de esmola. Médéric refletia.

Ao final de uma dezena de passos, Sidoine sentiu uma ligeira resistência na perna esquerda. Ele pensou que sua calça tinha se enroscado em alguma amoreira. Mas, abaixando-se, Sidoine teve uma grande surpresa: era um homem, de ar ávido e cruel, quem atrapalhava assim sua caminhada. Esse homem simplesmente pediu a bolsa de dinheiro aos viajantes.

Sidoine não via nada além de mendigos esfomeados nas estradas, e sua caridade de curta data tinha pressa em ser exercida. Ele não compreendeu muito bem o pedido do homem, e então pegou-o pela pele do pescoço, levantando-o à altura do seu rosto, para poder conversar mais livremente.

167

– Hei! Pobre desgraçado – disse ele –, você não está com fome? Eu lhe dou de bom grado essa pera, se ela puder aliviar-lhe de seus sofrimentos.

– Eu não estou com fome – respondeu o salteador pouco à vontade. – Eu acabo de sair de uma excelente taverna, onde bebi e comi por três dias.

– Então, o que quer de mim?

– Eu faria um belo trabalho se assaltasse os passantes simplesmente para pegar as suas peras. Eu quero a sua bolsa.

– Minha bolsa! E por que, já que você não terá fome em três dias?

– Para ficar rico.

Sidoine, estupefato, pegou Médéric com a sua outra mão, e olhou-o gravemente.

– Meu irmão – disse ele –, as pessoas desse país combinaram debochar de nós. Deus não pode ter criado seres tão pouco sensatos. Aqui está agora um imbecil que não sente fome e para os passantes para pedir-lhes as suas bolsas; um louco que tem um bom apetite e que quer perdê-lo tornando-se rico.

– Tu tens razão – respondeu Médéric –, tudo isso é perfeitamente ridículo. O problema é que não me parece que tu tenhas entendido muito bem que tipo de mendigo que tu tens entre os teus dedos. Os ladrões tem como trabalho aceitar unicamente as esmolas que roubam.

– Escute – disse então Sidoine ao ladrão –, em primeiro lugar você não terá a minha bolsa, isso por uma excelente razão. Em seguida eu acho justo infringir-lhe uma leve correção. Tudo bem examinado, o que deve ser será; eu não posso deixá-lo comer em paz, quando acabo de deixar um pobre diabo morrendo de fome. Meu irmão Médéric lerá para mim um dia o código legal, para que eu volte para prendê-lo formalmente. Hoje, eu me contentarei em lavar a sua cara feia na poça que há aqui, aos meus pés. Beba-a por três dias, meu amigo.

Sidoine abriu os dedos e o ladrão caiu na poça. Um homem honesto teria se afogado; o malandro salvou-se a nado.

Os viajantes, sem olhar para trás, continuaram a caminhar. Sidoine, carregando sempre a sua pera; Médéric, pensando sobre os três últimos encontros.

– Meu amigo – disse repentinamente esse último –, tu tens alinhado muito bem as frases, ultimamente. Tu nunca falaste assim tão bem.

– Oh! – respondeu Sidoine. – É simplesmente um hábito a se tomar. Eu não luto mais, eu falo.

– Agora fica quieto, por favor, que eu devo partilhar contigo reflexões importantes. Estou reconstruindo em meu pensamento a triste sociedade que, em menos de uma hora, pôde nos oferecer ao olhar um honesto homem morrendo de fome, um miserável de estômago cheio por três dias e um poderoso ferido por sua impotência. Há nisso um grande ensinamento.

– Meu irmão, tem piedade, chega de ensinamentos! Eu prefiro simplesmente acreditar que hoje nós encontramos homens de uma raça particular, que ainda não foram descritos por viajante algum.

– Eu te entendo, meu amigo. Eu li detalhes muito curiosos em velhos livros. Eles falam sobre países cujos habitantes têm somente um olho no meio do rosto, outros onde seus corpos são metade de homem e metade de cavalo, e outros ainda onde suas cabeças e seus bustos são uma coisa só. Sem dúvida nós atravessamos, nesse momento, uma região onde os habitantes são uns desalmados, o que os impede de julgarem com sanidade as coisas e lhes dá um visível disparate nas ações e nas ideias. Eles são uns monstros. O homem, feito à imagem de Deus, é uma criatura muito superior a isso.

– Deve ser verdade, meu irmão Médéric, nós estamos em um país de monstros. Hei, olha! Crês que vem até nós o quarto mendigo que eu esperava? Ele é esfarrapado, magro, esfomeado e amedrontado o suficiente? Por certo, ele arrasta-se sobre seu próprio espírito, como tu dizias agora pouco.

O homem que avançava seguia pela beirada de um fosso, fazendo equilíbrios milagrosos. Ele vinha com as mãos para trás, o nariz empinado; seu pobre corpo flutuava em seus magros trajes e seu rosto exprimia algo de uma singular mistura de beatitude e sofrimento. Ele parecia sonhar, de barriga vazia, com um vasto e abundante banquete.

– Eu não compreendo mais nada na terra – continuou Sidoine –, se esse vagabundo não aceitar a minha pera. Ele está morrendo de fome, e não me parece nem um malandro nem um homem honesto. O importante é oferecer com polidez. Meu irmão Médéric, encarrega-te dessa delicada expedição.

Médéric desceu à terra. Como ele estava na ponta do sapato de Sidoine, o homem conseguiu percebê-lo.

– Oh! – disse ele. – Que belo insetinho! Meu bom amigo, você aspira o aroma as rosas, nutre-se das flores?

– Senhor – respondeu Médéric –, a água pura me indispõe, e não consigo, sem dores de cabeça, suportar os perfumes.

– Hei! O inseto fala! Que excelente encontro! Você me salvou de uma grande penúria, meu amigo escaravelho.

– Então, o senhor assume que está com fome?

– Fome! Eu disse isso? Certamente, eu estou sempre com fome.

– E o senhor comeria de bom grado uma pera?

– A pera é um fruto que eu estimo pela maciez de sua pele. Obrigado, mas eu não posso comer. Eu estou com outra coisa na cabeça. Até que enfim eu encontrei o que procurava há uma hora.

– O que procurava o senhor então, senhor esfomeado – disse Sidoine impaciente –, se não era um pedaço de pão?

– Bom! – exclamou o pobre diabo. – Um segundo achado! Um gigante em carne e osso! Senhor gigante, eu procurava uma ideia.

Com essa resposta, Sidoine sentou-se à beira da estrada, prevendo longas explicações.

– Uma ideia! E qual é essa prodigiosa ideia?

– Senhor gigante – continuou o homem sem responder – eu sou um poeta desde o berço. O senhor deve saber: a miséria é a mãe do gênio. Por isso, joguei minha bolsa de dinheiro no rio. Depois desse dia feliz, eu deixo aos tolos a triste tarefa de buscarem suas refeições. Eu, que não preciso mais me preocupar com esse detalhe, procuro ideias ao longo das estradas. Eu como o mínimo possível para ter o máximo possível de gênio. Não desperdice a sua piedade comigo; somente tenho fome quando não encontro minhas caras ideias. Os belos festins que delas ocorrem, às vezes! Agora há pouco, vendo seu pequeno amigo de talhe tão esbelto, vieram-me à cabeça duas ou três estrofes bastante requintadas: uma métrica harmoniosa, com rimas ricas e um traço final do melhor espírito. Imaginem se eu me satisfiz. Depois, quando eu o percebi... Eu tenho uma antítese, uma bela e boa antítese, o mais fino trecho que possa servir a um poeta. Como o senhor bem vê, eu não posso aceitar sua pera.

– Bom Deus! – espantou-se Sidoine após um momento de silêncio. – Esse país é decididamente mais absurdo do que eu pensava. Eis aí um louco de muito esquisita espécie.

– Meu amigo – respondeu Médéric –, este é um louco, mas um louco inocente, um mendigo de alma generosa, que dá aos homens mais do que recebe. Eu sinto que amo, assim como ele, as longas estradas e a caça às ideias. Choremos ou riamos, ao vê-lo tão ridículo; mas eu te peço, não o classifiquemos entre os três monstros de agora pouco.

– Classifica-o como quiseres, meu irmão – respondeu Sidoine de mal-humor. – A pera continua comigo, e esses quatro imbecis confundiram de tal forma minhas ideias sobre os bens da terra que não ouso mais me meter.

Enquanto isso, o poeta sentou-se à beira da estrada e começou a escrever com a ponta do dedo sobre a poeira. Um bom sorriso irradiava de sua magra figura, dando aos seus pobres traços cansados uma expressão infantil. Nos seus devaneios, ele escutou as últimas palavras de Sidoine. E, como que despertando:

– Senhor – disse ele –, o senhor está realmente incomodado com essa pera? Dê-me ela. Eu conheço, perto daqui, um arvoredo repleto de pardais nos arredores. Colocarei lá a sua oferenda, e asseguro-lhe que não será recusada. Amanhã, eu pegarei o caroço e plantarei em algum canto, para os pardais das próximas primaveras.

Ele pegou a pera e pôs-se de novo a escrever.

– Meu amigo – disse Médéric –, eis nossa esmola dada. Para tranquilizar o teu espírito, quero que repares que nós devolvemos aos pardais o que é dos pardais. Já que o homem não desfruta de uma alimentação providencial, nós trataremos de não mais comer o

174

que o céu nos enviar. Nossa passagem por esta região fez nascer em nossos espíritos novas e tristes questões. Nós as estudaremos em breve. Por enquanto, contentemo-nos em procurar o Reino dos Felizes.

O poeta continuava a escrever, deitado na poeira, a cabeça nua ao sol.

– Hei, senhor! – gritou Médéric – o senhor poderia indicar-nos o caminho para o Reino dos Felizes?

– O Reino dos Felizes? – respondeu o louco levantando a cabeça. – Vocês não poderiam perguntar a alguém melhor. Eu vou com frequência a este reino.

– Mesmo? Será ele perto daqui? Nós acabamos de rodar o mundo, sem conseguir encontrá-lo.

– O Reino dos Felizes, senhor, está em todo lugar e em lugar algum. Aqueles que seguem as trilhas com os olhos bem abertos, aqueles que o procuram como a um reino terrestre, estalando ao sol com seus vilarejos e campos, passarão ao seu lado a vida toda sem jamais descobri-lo. Por mais vasto que ele seja, ele tem bem pouco espaço nesse mundo.

– E o caminho? Por favor, diga-me!

– Oh! O caminho é simples e direto. Qualquer que seja o país em que você se encontre, ao norte ou ao sul, a distância continua a mesma, e com uma pernada você pode atravessar a fronteira.

– Bom! – interrompeu Sidoine. – Eis o que me cabe. Para que lado devo dar essa pernada?

– Isso não importa, eu lhe asseguro. Vejamos, deixe-me introduzi-lo. Antes de tudo, feche os olhos. Muito bem. Agora, levante a perna.

Sidoine, de olhos fechados, com a perna no ar, esperou um segundo.

– Coloque o pé no chão – ordenou novamente o poeta. Olhem, aqui estão vocês, senhores.

O louco não tinha se mexido de seu leito de poeira, e concluiu tranquilamente uma estrofe.

Sidoine e Médéric encontravam-se já bem no meio do Reino dos Felizes.

UMA ESCOLA MODELO

– Nós estamos no porto, meu irmão? – perguntou Sidoine. – Eu estou cansado, e preciso muito de um trono para sentar-me.

– Continuemos a andar, meu amigo – respondeu Médéric. – Nós precisamos conhecer o nosso reino. O lugar parece-me tranquilo. Nós dormiremos aqui, eu acho, nossas longas manhãs. Essa noite, nós descansaremos.

Os dois viajantes atravessaram vilarejos e campos olhando em torno. Tendo se entristecido com a terra, eles encontravam um deleite nos horizontes puros e nas multidões silenciosas desse canto perdido no universo. Como eu lhes disse, o Reino dos Felizes não era um paraíso com riachos de leite e mel, mas um lugar de doce claridade e de santa tranquilidade.

Médéric compreendeu o admirável equilíbrio desse reino. Um raio de sol a menos, e seria noite; um raio de sol a mais, e a luz teria ferido os olhos. Ele disse a si mesmo que aquilo tudo devia ser a sabedoria, pois o homem consentia em se medir tanto pelo bem quanto pelo mal, e aceitar sua condição sob o céu, sem revoltar-se por suas devoções ou por seus crimes.

Como ele e seu companheiro prosseguiam, os dois encontraram, no meio de um campo, um galpão fechado por grades. Médéric reconheceu a escola modelo fundada pela amável Primavera para seus caros animais. Há muito tempo ele desejava conhecer o desenrolar desse ensaio de perfeição. Ele fez Sidoine deitar-se ao pé do muro; depois, os dois juntos, apoiando a cabeça nas barras, puderam contemplar e seguir em detalhes uma estranha cena que acabou com a educação dos bichos. A primeira vista, eles não souberam quais criaturas bizarras eles tinham diante de si. Três meses de carícias, de ensinamento mútuo e de regime frugal deixaram os pobres animais acabados. Os leões, sem pelos, pareciam enormes gatos caseiros; os lobos, mais magros, levavam a cabeça baixa, mais envergonhados do que cães errantes; quanto aos outros bichos de constituição mais delicada, estes se mantinham imóveis, largados à luz do sol, oferecendo à vista somente costas salientes e longos focinhos. Os pássaros e os insetos estavam ainda mais irreconhecíveis, tendo perdido as belas cores de suas roupagens. Todos esses seres miseráveis tremiam de fome e de frio, pois não eram mais como Deus lhes havia criado, mas encontravam-se perfeitamente civilizados.

Médéric e Sidoine, pouco a pouco, acabaram por reconhecer os diversos animais. Apesar do respeito que eles tinham pelo progresso e pelos benefícios da instrução, não puderam deixar de lamentar essas vítimas do bem. Há muita tristeza em ver a criação enfraquecer.

Então, os animais da escola modelo arrastaram-se gemendo ao centro do galpão; lá, eles se colocaram em um círculo. Eles fariam um conselho.

Um leão, que parecia estar guardando o máximo de fôlego possível, foi o primeiro a dar a palavra.

– Meus amigos – disse ele –, nosso mais caro desejo, de todos nós que temos a felicidade de estarmos aqui fechados, é de preservar a excelente conduta de fraternidade e de perfeição que nós seguimos, com resultados tão notáveis.

Um grunhido de aprovação interrompeu-o.

– Eu nada tenho a fazer além de apresentar-lhes o delicioso quadro de recompensas que aguardam nossos esforços. Nós formaremos um único povo no futuro, nós teremos uma única língua, ao passo que nascerá em cada um uma suprema alegria por não ser mais si mesmo e por ignorar quem se é. Vocês imaginam o encanto desse momento, onde não haverá mais raças, onde todos os animais terão um único pensamento, um mesmo gosto, um mesmo interesse? Oh, meus amigos, que belo dia, e como ele será feliz!

Um novo grunhido testemunhou a satisfação unânime da assembleia.

– Já que nós apressamos, com todos os nossos votos, a chegada desse dia – prosseguiu o leão – é urgente que tomemos medidas para que possamos vê-lo levantar-se. O regime seguido até aqui é certamente excelente, mas acredito que ele seja pouco substancial. Acima de tudo, precisamos viver, e nós estamos emagrecendo continuamente; a morte não estará distante se, com o louvável objetivo de nutrirmos nossas almas, nós continuarmos a negligenciar a nutrição de nossos corpos. Pensem no quanto seria absurdo tentar construir um paraíso do qual não saberíamos desfrutar, pela própria natureza dos meios empregados! Uma reforma radical é necessária. O leite é um alimento muito moralizante, de fácil digestão, o que suaviza singularmente os modos; mas eu acho que resumo todas as opiniões dizendo que nós não podemos suportar o leite por mais tempo, que nada é mais insosso do que ele e que, no final das contas, precisamos de um cardápio mais variado e menos enjoativo.

Uma verdadeira ovação de uivos acolheu essas últimas palavras do orador. O ódio ao leite era popular entre esses honestos animais que viviam há três meses da açucarada bebida. A gamela cotidiana de leite dava-lhes náuseas. Ah, como um pouco de fel lhes pareceria doce!

Quando o silêncio restabeleceu-se, o leão prosseguiu:

— Meus amigos, o tema de nossa deliberação encontra-se então fixado. Nós estabelecemos esse conselho para proscrever o leite, para substituí-lo por um alimento que nos engorde, ajudando-nos dessa forma a termos bons pensamentos. Por isso, cada um de nós irá propor uma iguaria; em seguida, nós decidiremos a favor daquela que receber o maior número de votos. Essa iguaria constituirá desde então nossa refeição comum. Acredito que seja inútil fazê-los observar qual espírito deverá guiá-los em suas escolhas: esse espírito é o da completa abnegação de seus gostos pessoais, da busca de um alimento que convenha igualmente a todos, que ofereça sobretudo garantias morais e salutares.

Nesse ponto da elocução, o entusiasmo atingiu

seu auge. Nada é mais tocante do que a apreciação da moral quando a barriga está cheia. Um mesmo pensamento, uma tocante unanimidade de sentimentos animava a assembleia.

O leão, de sua parte, discursava com um tom humilde e afável. Com seu olhar baixo, ele teria convertido seus irmãos da savana, tanto o espetáculo que oferecia era edificante. Com um gesto, ele pediu a atenção de todos e terminou seu discurso nesses termos:

– Eu acredito estar autorizado, pela minha longa experiência, a ser o primeiro a dar-lhes a minha opinião sobre essa delicada matéria. Eu o farei com toda a modéstia que convém a um simples membro dessa assembléia, mas também com toda a autoridade de um animal convencido de sua razão. Quero dizer que me preocupo muito com nossa unidade futura, se meu prato não for unanimemente aceito. Em minha alma e consciência, tendo longamente refletido sobre a iguaria que mais nos conviria, levando em consideração o interesse comum, eu declaro, eu afirmo que nada contentará tanto o estômago e o coração de cada um quanto um grande pedaço de carne sanguinolenta comido pela manhã, um segundo pedaço comido meio-dia e um terceiro pela noite.

O leão parou nessas palavras para receber os justos aplausos que parecia-lhe merecer sua proposição. Com sua boa fé, porém, ele ficou espantado pela falta de grunhidos. Adeus unanimidade! A assembleia não aprovava sua proposta. Os lobos e as outras feras selvagens, os pássaros e os insetos de apetite sanguinário extasiaram-se com a excelência da escolha. Mas os animais de natureza diversa, esses que vivem nas pradarias ou à beira dos lagos, testemunharam, pelos seus semblantes entristecidos e pelo seu silêncio, a pouca virtude civilizatória que eles atribuíam à carne.

Alguns minutos se passaram, cheios de frieza e mal-estar. É muito arriscado combater a opinião dos poderosos, sobretudo quando eles falam em nome da fraternidade. Enfim uma ovelha, mais ousada do que suas irmãs, decidiu tomar a palavra.

– Já que estamos aqui – disse ela – para emitirmos francamente nossas opiniões, deixem-me dar a minha a vocês, com a ingenuidade que convém à minha natureza. Eu confesso não ter nenhuma experiência com a refeição proposta pelo meu irmão leão; ela pode ser excelente para o estômago e de uma rara delicadeza de gosto; eu me recuso a opinar sobre esse ponto da discussão. Porém, acredito que essa comida tenha uma influência nociva em relação à moral. Uma das mais sólidas bases de nosso progresso deve ser o respeito pela vida; certamente não é nutrindo-nos de corpos mortos que vamos respeitá-la. Meu irmão leão não teme desviar-se de seu zelo, criando uma guerra sem fim ao escolher tal cardápio, ao invés de chegar a essa bela unidade da qual ele falou em termos tão calorosos? Eu bem sei, nós somos animais honestos; não é a questão de nos devorarmos entre nós. Longe de mim esse mau pensamento! Já que os homens declaram que podem nos comer, sem deixarem de ser boas almas, criadas segundo o espírito de Deus, nós podemos seguramente comer os homens e manter-nos sábios, como animais fraternos, pendendo para uma perfeição absoluta. Contudo, eu temo as más tentações e as forças do hábito, se um dia os homens vierem a nos faltar. Por isso, não posso votar em uma comida tão imprudente. Acreditem em mim, somente uma iguaria pode nos bastar, uma iguaria que a terra produz em abundância, saudável, refrescante, de colheita divertida e fácil, variada ao infinito. Oh, que vastos banquetes, meus bons irmãos! Alfafa, legumes, todas as ervas das planícies, todas as ervas das montanhas! Eu lhes falo sabiamente, sem nenhum pensamento oculto, tendo somente o inocente desejo de viver sem matar. Eu lhes digo com honestidade: excetuando-se a erva, não há unidade.

A ovelha calou-se, constatando furtivamente o efeito produzido por seu discurso. Algumas fracas adesões foram sustentadas pelo lado da assembléia ocupado pelos cavalos, bois e outros comedores de grãos e de verduras. Quanto aos animais que tinham aprovado a escolha do leão, eles pareceram acolher a nova proposição com um singular desprezo e uma careta de mau presságio para a oradora.

Um bicho da seda, que possuía pouca visão e era privado de tato, tomou então a palavra. Ele era um filósofo austero, que pouco se inquietava com o julgamento dos outros e pregava o bem por si mesmo.

– Viver sem matar – disse ele – é uma bela máxima. Eu só posso aplaudir as conclusões de minha irmã ovelha. O único inconveniente é que minha irmã parece-me muito gulosa. Para uma iguaria que buscamos, ela nos oferece cinquenta; ela parece mesmo se deleitar com a ideia de um menu de rei, com numerosos pratos e diversos gostos. Esqueceu-se ela de que a sobriedade e o desdém pelas refinadas porções são virtudes necessárias a bichos que pretendem progredir? O futuro de uma sociedade depende de sua mesa: comer pouco e somente um prato é o único modo de apressar a chegada de uma civilização elevada, durável e forte. Eu proponho então, de minha parte, que velemos pelo nosso apetite, e sobretudo que nos contentemos com um único tipo de folhas. A escolha não sendo mais do que uma questão de gosto, eu acredito satisfazer o de todos escolhendo a folha da amoreira.

– É claro, velho imbecil – gritou um pelicano –, nós não estamos suficientemente magros para nutrirmo-nos de uma erva úmida, sem que nos arrisquemos a ter cólicas? Fraternize com a ovelha. Quanto a mim, eu penso como meu irmão leão, excetuando-se o fato de que me parece uma lamentável escolha a da carne sanguinolenta. Somente a carne pode dar ao corpo a força de fazer o bem, mas eu falo da carne de peixe, branca e delicada; essa é uma comida saborosa, amada por todo mundo. Por fim, esse último argumento deve convencê-los: já que os mares ocupam, sobre o globo, duas vezes mais espaço do que os continentes, nós não poderíamos ter uma mais vasta dispensa. Meus irmãos compreenderão essas razões.

Os irmãos abstiveram-se de compreender. Eles julgaram conveniente, para encerrar o debate, gritarem todos ao mesmo tempo. Havia tantas opiniões quanto animais; nem mesmo dois pobres espíritos que pensassem da mesma forma, nem mesmo duas naturezas que fossem semelhantes. Cada bicho pôs-se a gesticular, a tagarelar, oferecendo suas iguarias e defendendo-as em nome da moral e da gula. Levando-se em conta todos eles, se todos os pratos propostos tivessem sido aceitos, o mundo inteiro serviria de guisado; não havia nada que não fosse declarado excelente comida, desde a folha até a madeira, desde a carne até a pedra. Profundo ensinamento, como disse Médéric, pois mostra o que é a terra: um feto que ainda não vive senão pela metade, no qual a vida e a morte lutam, em nossos tempos, com forças iguais.

No meio da barulheira, um jovem gato esforçou-se para fazer com que a assembleia compreendesse que ele desejava comunicar-lhe uma verdade decisiva. Ele esgoelou tanto e agitou tanto as patas que acabou por obter um pouco de silêncio.

– Hei, meus bons irmãos! – disse ele. – Por piedade, cessem essa discussão que aflige as almas ternas que aqui estão! Meu coração sangra ao ver essa penosa cena. Aí está! Nós estamos distantes desses modos doces e dessa sabedoria de palavras que, de minha parte, procuro desde meus tenros anos. Eis um grande assunto para discussão: a comida ruim, sustentáculo do corpo perecível! Lembrem-se de seus espíritos; vocês rirão de suas cóleras, vocês deixarão de lado essa miserável questão! A escolha mais ou menos feliz de um vil alimento não é digna de nos ocupar nem mesmo por um segundo. Vivamos como nós temos vivido, nos preocupando somente com as reformas morais. Filosofemos, meus bons irmãos, e bebamos nossa gamela de leite. Acima de tudo, o leite é um alimento de gosto muito agradável; eu o considero superior aos pratos pelos quais vocês querem substituí-lo.

Grunhidos pavorosos acolheram essas últimas palavras. A infeliz ideia do jovem gato acabou por deixar os bichos furiosos, lembrando-lhes da insossa poção com a qual eles lavaram as entranhas durante três longos meses. Veio-lhes uma fome terrível, aguçada por toda a cólera que sentiam. A natureza tomou conta deles. Eles esqueceram, em um segundo, os bons procedimentos que os animais civilizados devem ter um para com o outro, simplesmente saltando nas gargantas uns dos outros. Aqueles que tinham escolhido a carne, por meio de argumentos, acharam mais cômodo servir de exemplo. Os outros, não tendo grãos, nem ervas, nem peixe, nem prato algum para se vingarem, contentaram-se em servir para a vingança de seus irmãos.

Essa foi, durante alguns minutos, uma assustadora batalha. O número de famintos diminuía rapidamente, sem que restasse um único ferido sobre a terra. Singular luta, na qual não se sabia onde os mortos caíam. Há pouco saciado, o predador era caçado. Todos engordavam mutuamente; a festa começava pelo mais fraco para terminar pelo mais forte. Ao final de alguns minutos, o chão encontrava-se limpo. Somente dez ou doze feras selvagens restaram sentadas, lambendo-se com complacência, os olhos quase fechados, os membros alongados, inebriados pela comida.

Assim, a escola modelo teve por resultado a maior unidade possível, aquela que consiste em assimilar os corpos e a alma dos outros. Talvez esteja aí a unidade da qual o homem tem uma vaga consciência, o objetivo final, o trabalho misterioso dos mundos que tendem a confundir todos os seres em um só. Mas que rude escárnio com as ideias de nossa época, que prometem perfeição e fraternidade a criaturas de diferentes instintos e hábitos, pedaços de barro nos quais um mesmo sopro de vida produziu efeitos contrários. Sem maiores filosofias, leões são leões.

– Meu irmão Médéric – disse Sidoine –, temos aqui dez ou doze canalhas que carregam em suas consciências um peso enorme de pecados. Eles falaram sobre o que de melhor existe no mundo, mas agiram como sacripantas. Vejamos se meus punhos não estão gastos.

Assim dizendo, ele desferiu um soco formidável sobre o galpão, o qual pulverizou as vigas e fez as pedras talhadas estilhaçarem-se. Os bichos restantes, única esperança da regeneração animal, não deram um grito. Médéric pareceu desgostoso com essa atitude.

– Hei, meu amigo! – gritou ele. – Por que tu não me consultaste? Eis um soco do qual terás tristes remorsos. Escuta-me.

– Mas como! Meu irmão, eu não golpeei justamente?

– Sim, segundo a ideia que nós fazemos do bem. Mas, cá entre nós, e isso eu digo baixinho para não atrapalhar uma crença necessária, o bem e o mal não são uma criação humana? Um lobo realmente comete uma má ação quando come um cordeiro? O homem, amigo dos cordeiros, e que para eles levaria um prato de legumes, não seria tão ridículo quanto o lobo seria culpado?

– Queres deduzir disso tudo, irmão, que o bem e o mal não existem?

– Talvez, meu amigo. Vê bem, nós queremos muitas vezes preceder a hora fixada por Deus. Há certas leis, sem dúvida de uma essência divina, que escapam à nossa inteligência e às quais demos o péssimo nome de fatalidades. Nós desejamos estupidamente lutar contra a natureza. Admitimos, com uma notável blasfêmia, que o mal pode ter sido criado, e nos erigimos como juízes, recompensando e punindo, porque nossos sentidos são fracos demais para penetrarem cada coisa, para nos mostrarem que tudo é bom diante de Deus. Repara na absurda injustiça do teu golpe. Tu puniste esses bichos por agirem segundo as leis pelas quais eles devem viver. Julgaste-os com egoísmo, do ponto de vista puramente humano, levado sobretudo por esse pavor pela morte que deu ao homem o respeito pela vida. Enfim, tu te escandalizaste por ver uma raça devorar outra, quando tu mesmo não tens nenhum escrúpulo em nutrir-te da carne das duas.

— Meu irmão Médéric, fala mais claramente, senão eu não terei nenhum remorso pelo meu soco.

— Eu te entendo, meu amigo. No fim das contas, eu concordo contigo: o mal existe, o que me dispensa de provar a ti que o bem absoluto é impossível. Além disso, os escombros sobre os quais estamos sentados são a prova disso. Mas, dize-me, tu querias comer essas feras selvagens?

— É claro que não; eu não gosto de caças gordas.

— Então, meu amigo, por que matá-los?

Diante dessa questão, Sidoine ficou com um ar estúpido. Ele procurou uma resposta, que não encontrou. Seus grandes olhos azuis encheram-se de espanto. Então, como um homem que descobre por fim uma grande verdade, ele gritou:

– É, como tu mesmo disseste, o soco que dei foi absurdo. Só se deve matar para comer. Eis um preceito totalmente prático, que leva consigo a mais elevada justiça humana da qual me falaste. Os homens deveriam escrevê-lo em letras douradas sobre os muros de seus tribunais e sobre os uniformes de seus exércitos. Aí está! Meus pobres punhos! Só se deve matar para comer.

MORAL

O sol acabava de desaparecer atrás das colinas do poente. A terra, coberta por uma doce sombra, já adormecia um pouco, sonhadora e melancólica. Acima, no horizonte, estendia-se um céu branco, sem nenhuma transparência. Essa é uma hora, a cada pôr-do-sol, de profunda tristeza: ainda não é noite, mas a luz apaga-se lentamente, como que a contragosto; e o homem, nesse adeus, sente no coração uma vaga inquietude, uma necessidade imensa de esperança e de fé. Os primeiros raios da manhã colocam as canções na boca dos homens; os últimos raios da noite colocam as lágrimas em seus olhos. Será o desolante pensamento do lavor abandonado e retomado incessantemente, o amargo desejo misturado ao pavor do repouso eterno? Será a semelhança que têm todas as coisas humanas com essa lenta agonia da luz e do barulho?

Sidoine e Médéric tinham se sentado sobre os

escombros do galpão. No apagar da terra e do céu, uma estrela brilhava acima dos negros galhos de um carvalho. Os dois olhavam esse luar consolador que perfurava, com um raio de esperança, o véu morno do crepúsculo. Uma voz que soluçava atraiu seus olhares para a trilha. Por entre as sebes, eles viram avançar em direção a eles Primavera, branca em meio às trevas. Ela avançava com pequenos passos, o cabelo solto; sentou-se ao lado de Médéric. Então, apoiando a cabeça em seu ombro, ela disse:

– Ah, meu amigo, como os animais são malvados!

E ela chorava com todas as suas forças, deixando as lágrimas escorrerem pelo seu rosto, com as mãos apoiadas nele, sem o enxugarem.

– Que pobres infelizes – prosseguiu ela – eu os amava como irmãos. Eu acreditava que com meu afeto eu os tinha feito esquecer de seus dentes e suas garras. Então é tão difícil assim não ser cruel?

Médéric absteve-se de responder. A ciência do bem e do mal não era feita para essa criança.

– Dize-me – perguntou ele – ,não és tu a amável Primavera, rainha do Reino dos Felizes?

– Sim – respondeu ela –, eu sou Primavera.

– Então, minha querida, enxuga as tuas lágrimas. Eu estou aqui para desposar-te.

Primavera enxugou suas lágrimas e, colocando suas mãos sobre as mãos de Médéric, olhou-o nos olhos.

– Eu sou uma simples ignorante – disse ela docemente. – Eu vejo olhos malvados, que no entanto não me dão medo. Há neles a bondade, ainda que encoberta por um triste escárnio. O senhor precisa de meu afeto para se tornar melhor?

– Preciso – respondeu Médéric –, eu atravessei o mundo todo e estou cansado.

– O céu é bondoso – continuou a criança –, pois ele não deixa minha ternura sem emprego. Eu serei sua esposa, caro senhor.

Assim dizendo, ela sentou-se novamente. Primavera pensava na incomum piedade que nascia dentro de si; ela jamais sentira semelhante desejo de consolar. Em sua ingenuidade, ela se perguntava se não acabava de encontrar a missão confiada por Deus nesse mundo às jovens rainhas de alma terna e caridosa. Os homens de seu reino gozam de uma felicidade tão perfeita que se zangam com a menor boa-ação; os bichos têm um mau caráter, difícil de se compreender. Certamente, já que o céu lhe dava lágrimas e ternura, ela não poderia dá-las a nenhuma criatura que não fosse o seu caro senhor, que lhe dizia precisar muito de seu afeto. Na verdade, ela já se sentia outra, pois não pensava mais em seu povo, e até mesmo esquecia-se de seus pobres alunos, cujo túmulo encontrava-se embaixo dela. Seu amor, oferecido a toda a criação e recusado por ela, acabava de crescer mais ainda, fixando-se em um único ser. Primavera perdia-se nessa vastidão, sem preocupar-se com a terra, ignorante do mal, compreendendo que obedecia a Deus, e que uma hora de semelhante êxtase é preferível a mil anos de progresso e de civilização.

Primavera, Sidoine e Médéric se calaram. Em torno deles, um imenso silêncio, de grandes sombras vagas que transformavam o campo em um lago de trevas, de fluxo lento, quase imóvel; acima de suas cabeças, um céu sem luar, semeado de estrelas, abóbada negra crivada de pontos dourados. Lá, seguindo cada um seus pensamentos, com o mundo aos seus pés, eles refletiam em meio à noite, sentados sobre as ruínas da escola modelo. Primavera, magra e de talhe bem-feito, passou o braço pelo pescoço de Médéric; ela se deixava apoiar em seu peito, com os olhos bem abertos, observando as penumbras. Sidoine, curvando-se, envergonhado e desesperado, escondia os punhos, refletindo também, apesar de sua natureza.

De repente, ele começou a falar, e sua voz rude tinha um acento de indizível tristeza.

– Aí está, meu irmão Médéric! Como minha pobre cabeça está vazia, desde o dia em que tu a encheste de pensamentos! Onde estão meus lobos esfolados que eu matava de tão bom grado, meus belos campos de batatas que semeavam os campos vizinhos, minha brava estupidez que me protegia dos maus sonhos?

– Meu amigo – perguntou docemente Médéric –, tu lamentas nossos cursos e a ciência adquirida com eles?

– Sim, irmão. Eu vi o mundo e não o compreendi. Tu procuraste fazer-me soletrá-lo, mas as lições tiveram algo de amargo que atrapalharam minha santa quietude de pobre de espírito. Ao partir, eu tinha crenças instintivas e uma fé completa em meus desejos naturais; ao chegar, eu não vejo mais minha vida com clareza, e não sei para onde ir nem o que fazer.

– Eu confesso, meu amigo, ter-te instruído um pouco durante nossa aventura. Mas, dize-me, desse amontoado de ciências imprudentemente remexidas, tu não te lembras de algumas verdades honestas e práticas?

– Ah, meu irmão Médéric! São justamente essas belas verdades que me angustiam! Eu sei, agora, que a terra, seus frutos e suas ceifas não me pertencem; eu vou até mesmo colocar em dúvida o meu direito de distrair-me esmagando moscas pelos muros. Tu não poderias poupar-me do terrível suplício do pensamento? Podes ir, eu dispenso-te de manter as tuas promessas.

— O que eu tinha prometido, meu amigo?

— Dar-me um trono para ocupar e homens para matar. Meus pobres punhos, o que fazer deles agora? Eles são tão inúteis, tão incômodos! Eu não teria coragem de levantá-los nem mesmo para um mosquito. Nós nos encontramos em um reino sabiamente indiferente às grandezas e às misérias humanas: nada de guerra, nada de corte, quase nada de majestade. E nós, aqui, somos apenas uma sombra de monarcas. Esse é, sem dúvida, o castigo por nossa ambição ridícula. Eu imploro, meu irmão Médéric, acalma a inquietação de meu espírito.

— Não te inquietes nem te aflijas, meu amigo. Nós ainda estamos no porto. Estava escrito em nossos destinos que nós seríamos reis, mas essa seria uma fatalidade da qual nós não saberíamos nos consolar. Nossas viagens tiveram o excelente resultado de mudar nossas ideias iniciais de dominação e de conquista. Nesse sentido, nosso reinado sobre os Azuis foi uma aprendizagem tão dura quanto saudável. O destino tem a sua lógica. Nós devemos agradecer a sorte que, sem poder poupar-nos da realeza, nos deu um belo reino, vasto e fértil a nosso grado, onde nós viveremos como honestas pessoas. Pelo menos, nós ganharemos a liberdade com a função de reis honorários, sem termos as preocupações do cargo; nós envelheceremos com dignidade, fruindo de nossa coroa com avareza, ou seja, não mostrando-a a ninguém. Assim, nossa existência terá um nobre objetivo, o de deixar nossos súditos tranquilos, e nossa recompensa será a tranquilidade que eles nos darão. Vamos, meu amigo, não te desesperes. Nós retomaremos nossa vida despreocupada, esquecendo todos os terríveis espetáculos, todos os maus pensamentos do mundo que acabamos de atravessar; nós seremos perfeitamente ignorantes e não teremos outra preocupação além de amar. Nos nossos domínios reais, sob a luz do sol no inverno, sob os carvalhos no verão, eu terei a missão de acariciar Primavera, enquanto Primavera terá a de me dar duas carícias por cada uma das minhas; enquanto isso tu – que não saberias, sem morrer de tédio, guardar teus punhos em repouso – tu trabalharás nos campos, semeando-os com grãos, colhendo a ceifa e as uvas de nossos vinhedos. Assim, nós comeremos o pão e beberemos o vinho que nos pertence. Nós não mataremos nunca mais, nem mesmo para comer. Somente nessas questões eu consinto em continuar sábio. Eu te disse na partida: "eu criarei para ti um encargo tão nobre que o mundo, daqui a mil anos, ainda falará sobre teus punhos." Pois os trabalhadores dos tempos futuros enrubescerão, passando em meio a estes campos. Ao observarem a eterna fecundidade deles, dirão entre si: "aqui trabalhava outrora o rei Sidoine". Eu tinha predito, meu amigo, os teus punhos deveriam ser punhos de rei; mas eles serão punhos de um rei trabalhador, os mais belos e valiosos que existem.

Ao ouvir essas palavras, Sidoine sentiu-se até um pouco desconfortável: sua missão na vida comum pareceu-lhe muito mais agradável do que a dos outros, sendo aquela que exigia mais força.

– Por Deus, irmão! Raciocinar é uma bela coisa quando se conclui sabiamente. Aqui estou, totalmente consolado. Sou rei e reino sobre meu campo. Eu não poderia estar melhor. Tu verás meus legumes soberbos, meu campo de trigo alto como um canavial, meus vinhedos que embriagariam uma província. Convenhamos, eu nasci para lutar com a terra. A partir de amanhã, eu trabalho e durmo ao sol. Eu não pensarei mais.

Sidoine, tendo terminado, cruzou os braços, deixando-se levar por uma soneca. Primavera continuava a admirar as penumbras, sorrindo, com o braço em torno do pescoço de Médéric, sem escutar nada além das batidas do coração de seu amigo.

Após um silêncio, Médéric prosseguiu:

– Meu amigo, me resta fazer um discurso. Esse será o último, eu juro. Toda história, dizem, pede uma moral. Se algum dia um miserável, cansado do silêncio, colocar na cabeça a ideia de contar a espantosa história de nossas aventuras, ele fará diante de seus leitores a o pior papel do mundo, no sentido de que nossa história lhes parecerá perfeitamente absurda, se ele for verídico ao contá-la. Eu temo mesmo que ela não seja lapidada, para maior liberdade de expressão e de ritmo de seus heróis. Como esse infeliz nascerá, sem dúvida, em uma época avançada, em meio a uma sociedade perfeita em todos os pontos, sua indiferença e suas negações ferirão acertadamente o legítimo orgulho de seus conterrâneos. Logo, seria caridoso, antes de deixarmos a cena, se procurássemos a moral de nossas aventuras, a fim de poupar a nosso historiógrafo o desgosto de passar por um homem desonesto. Assim, se ele tiver alguma probidade, escreverá sobre a última folha: "Caras pessoas que me leram, nós somos, vocês e eu, perfeitos ignorantes. Para nós, nada está mais próximo da razão do que a loucura. Eu debochei de vocês, é verdade; mas, antes disso, eu debochei de mim mesmo. Eu acredito que o homem não é nada, e duvido de todo o resto. A brincadeira de nossa apoteose já durou demais. Nós a conduzimos descaradamente, nos declarando a última palavra de Deus, a criatura por excelência, aquela para a qual ele criou o céu e a terra. Sem dúvida, nós não poderíamos imaginar uma fábula mais consoladora; pois, se amanhã meus irmãos viessem a confessar o que são, eles provavelmente se suicidariam, cada um em seu canto. Eu não temo levar a razão deles a esse ponto extremo da lógica; eles têm uma inesgotável caridade, uma copiosa provisão de respeito e de admiração pelos seus próprios seres. Eu não tenho nem mesmo a esperança de convencê-los de sua insignificância, o que teria sido uma moralização como qualquer outra. Aliás, no lugar da crença que eu tiraria deles, eu não poderia colocar uma melhor; talvez eu tente mais tarde. Hoje, estou muito triste, e contei meus pesadelos da noite anterior. Eu dedico essa história à humanidade. Meu presente é digno dela; e, de qualquer forma, pouco importa uma brincadeira a mais entre todas as brincadeiras desse mundo. Me acusarão de não ser do meu tempo, de negar o progresso nos dias mais fecundos em conquistas. Ah, caras pessoas! Suas novas iluminações são nada além de trevas. Como ontem, o grande mistério ainda nos escapa. Eu me desolo a cada pretensa verdade que é descoberta, pois não é aquela que eu procuro, a Verdade única e completa, que sozinha curará meu espírito doentio. Em seis mil anos, nós não pudemos avançar um passo. Se a essa altura vocês precisam – para evitar a preocupação de julgarem-me delirante – de uma moral para as aventuras de meu anão e de meu gigante, talvez eu os contente dando-lhes essa aqui: seis mil anos se passaram e seis mil anos ainda se passarão, sem que nós tenhamos jamais dado nosso primeiro passo." Aí está, meu amigo, o que um historiador consciencioso concluiria de nossa história. Mas imagina que belos gritos acolheriam semelhante conclusão! Eu me recuso terminantemente a ser a causa de um escândalo entre nossos irmãos. A partir desse momento, desejoso de ver nossa lenda correr o mundo devidamente autorizada e aprovada, eu redigirei a moral como segue: "Caras pessoas que me leram – escreverá o miserável – eu não posso detalhar para vocês aqui as quinze ou vinte morais dessa história. Há morais para todas as idades, para todas as condições. Basta, então, que vocês guardem e interpretem minhas palavras. Mas a verdadeira moral, a mais moralizante, aquela que eu mesmo espero poder aproveitar em minha próxima história, é essa: quando nos colocamos na estrada para o Reino dos Felizes, é preciso conhecer o seu caminho. Vocês se sentem edificados? Eu me sinto muito à vontade." Hei, meu amigo! Tu não vais aplaudir?

Sidoine dormia. No céu, a lua acabava de se levantar; uma claridade doce preenchia o horizonte, azulando o espaço, caindo no campo como um véu de prata vindo das alturas. As trevas tinham se dissipado; o silêncio reinava, mais profundo do que nunca. Ao terror da hora precedente tinha se sucedido uma serena tristeza. No primeiro raio de sol, Médéric e Primavera apareceram no topo dos escombros, enlaçados, imóveis; ao passo que, aos seus pés, jazia Sidoine, iluminado por largos feixes de luz.

Ele abriu um olho e disse, meio adormecido:

– Estou escutando. Meu irmão Médéric, onde está a sabedoria?

– Meu amigo – respondeu Médéric –, pega uma pera.

– Entendo. E onde está a felicidade?

Então Primavera, lenta, abrindo os braços, levantou-se e beijou os lábios de Médéric.

Sidoine, satisfeito, adormeceu de novo, balançando a cabeça, mais estúpido do que nunca.